GESTÃO de MUDANÇA com sucesso

DAVID MILLER

GESTÃO de MUDANÇA com sucesso

Uma abordagem organizacional focada em pessoas

Título original: *Successful Change – How to implement change through people*
Edição original em inglês: Copyright © David Miller

Edição em língua portuguesa para o Brasil: Copyright © 2012 Integrare Editora e Livraria Ltda.

Todos os direitos reservados, incluindo o de reprodução sob quaisquer meios, que não pode ser realizada sem autorização por escrito da editora, exceto em caso de trechos breves citados em resenhas literárias.

Publisher
MAURÍCIO MACHADO

Supervisora Editorial
LUCIANA M. TIBA

Assistente Editorial
DEBORAH MATTOS

Prefácio
SIMONE MARIA DA COSTA

Coordenação e produção editorial
A2 + RONALD POLITO

Tradução
GIOVANA FRANZOLIN

Preparação de texto
RONALD POLITO

Revisão
LUCIANA INHAN
MARCO ANTONIO CORREA

Revisão técnica
ROGÉRIO FAÉ RODRIGUES

Adaptação de capa e projeto gráfico originais
A2

Dados Internacionais de Catalogação na Publicação (CIP)
(Câmara Brasileira do Livro, SP, Brasil)

Miller, David
  Gestão de mudança com sucesso : uma abordagem organizacional focada em pessoas / David Miller ; [tradução Giovana Franzolin]. -- São Paulo : Integrare Editora, 2012.

  Título original: Successful change : how to implement change through people.
  Bibliografia
  ISBN 978-85-99362-91-4

  1. Administração 2. Competências 3. Cultura organizacional 4. Desempenho 5. Liderança 6. Mudanças organizacionais - Administração 7. Sucesso 8. Sucesso em negócios I. Título.

12-05645   CDD-658.4063

Índices para catálogo sistemático:
1. Mudanças organizacionais : Abordagem organizacional focada em pessoas : Administração de empresas 658.4063

Todos os direitos reservados à
INTEGRARE EDITORA E LIVRARIA LTDA.
Rua Tabapuã, 1.123, 7º andar, conj. 71-74
CEP 04533-014 – São Paulo – SP – Brasil
Tel. (55) (11) 3562-8590
Visite nosso site: www.integrareeditora.com.br

Dextera é parceira exclusiva da Changefirst para a América Latina. Certificada para condução de palestras, treinamentos, *workshops* de certificação e serviços de consultoria na metodologia PCI® (*People-Centred Implementation*) e aplicativo on-line *e-change*®.

Para Susan e Elissa

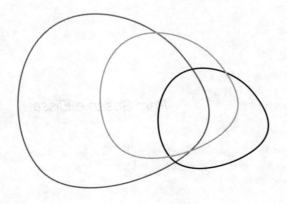

For Susan of Elissa

Agradecimentos

Embora eu já tenha escrito muitos artigos ao longo da vida, este é o primeiro livro que escrevo e, quem sabe, pode ser meu último. Com isso em mente, pretendo agir como um surpreso vencedor do Oscar e agradecer a todos profusamente. Mas, antes, permita-me dizer que estou envolvido com este trabalho por mais de 25 anos e já trabalhei com diversas e ótimas pessoas durante esse tempo. Tenho certeza de que minhas ideias e meu trabalho foram altamente influenciados por todos vocês. Tal como a maioria das pessoas, meu pensamento e meu trabalho se tornaram como um mosaico: algumas de suas peças são originais e algumas me foram dadas. Se eu não reconhecer sua contribuição ao meu mosaico neste livro, então, por favor, aceite minhas desculpas antecipadamente.

Quero agradecer a todos os colegas que trabalharam comigo desde que fundei a Changefirst, em 1995. Em especial, quero agradecer a Audra Proctor e Doug Daniel, que têm sido ótimos colegas por todo esse tempo. Ao longo dos anos, construímos uma extraordinária equipe de pessoas na Changefirst que, acredito, fornecem excelentes serviços aos clientes e executam nossos *workshops* e consultoria brilhantemente. Nem é necessário dizer que as palavras neste livro são ditas em nome de todos da Changefirst, em vez de ser meu trabalho pessoal.

Antes da Changefirst, trabalhei para diversas organizações, mas na American Express foi onde fiquei por mais tempo. Passei um ótimo período lá e a considerava uma empresa maravilhosa. Trabalhei com tantas pessoas extraordinárias que fica difícil mencionar todas. Mas digo apenas isto — caso não tenham notado: eu aprendi demais com todos vocês.

Gostaria de agradecer a nossos clientes. Já treinamos mais de 12 mil pessoas desde 1995 e trabalhamos com centenas de organizações. Muito do que está neste livro foi aprendido com vocês. Cada vez que conduzimos um *workshop* ou encontramos um cliente para falar sobre os desafios da mudança, aprendemos algo de valor.

Karen McCreadie foi de um apoio extraordinário enquanto eu escrevia este livro. Ela foi ótima como editora, contribuidora e motivadora, tudo junto.

Finalmente, não posso prosseguir sem agradecer minha esposa Susan e minha filha Elissa. A combinação de trabalhar globalmente por mais de um quarto de século, fundar e administrar uma empresa como a Changefirst significa que estive distante mais do que gostaria. Tudo que posso fazer como retorno é agradecer a ambas por seu amor, paciência e apoio durante esse período.

"Este é o tipo de livro que você carrega consigo. Em um mar de mesmice e 'discurso de consultor', Miller é breve com a teoria e apresenta soluções astutas e criteriosas de negócios centradas em pessoas. Seu tom é atrativo, já que ele produz a partir de um reservatório de experiência. É uma leitura essencial para qualquer pessoa confrontada com a mudança e que esteja no ambiente empresarial de hoje, ou seja, todo mundo!"

CRAIG DINSELL, VICE-PRESIDENTE EXECUTIVO DE RECURSOS HUMANOS
OPPENHEIMERFUNDS INC

"Como gerente de programa, eu recomendaria este livro como uma leitura essencial para gestores prestes a embarcarem em um programa de transformação empresarial. David fornece ideias realmente úteis e abordagens práticas baseadas em seus muitos anos de experiência aos desafios de projeto, que muito frequentemente estressam os gestores quando tentam lidar com as demandas geradas pelos complexos programas de trabalho."

COLIN GRACE, CEO
PRAKTIS SOLUTIONS

"Construir a ponte entre ter uma grande estratégia no papel e converter esses planos em resultados de negócios é um dos maiores desafios que qualquer organização enfrenta. As ideias poderosas e a metodologia prática deste livro fornecem os meios para ligar essa ponte com sucesso."

Tim Van den Bossche, Presidente Ásia-Pacífico
Agfa Graphics

"Um inestimável guia pragmático para conduzir mudanças significativas. O foco sobre a condução de líderes, executivos e gestores por meio do ciclo de mudança fará você parar e pensar."

Gordon Smith, CEO da Card Services
J.P. Morgan Chase & Co

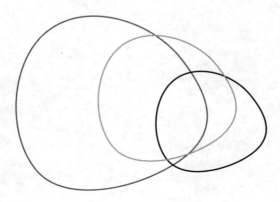

Prefácio

Mudança bem-sucedida, como implementá-la com êxito? O que significa mudar? Uma mudança organizacional é orientada por uma ação intuitiva, ou por um método e seu conjunto de ferramentas, conjugados às habilidades específicas daqueles que a conduzem?

No Brasil, é comum dizer que muita gente se acha cozinheiro, técnico de futebol, artista, entre outras profissões. O agente de mudança talvez deva entrar nessa lista. De certa forma, todos nós temos vivenciado ou conduzido mudanças na vida pessoal ou profissional, o que certamente poderia nos qualificar como agentes de mudança. Será que essa suposta experiência seria suficiente para alcançar o sucesso nos processos de mudança nas empresas?

Em 2010, conheci David Miller e a metodologia da Changefirst (People-Centred Implementation — PCI) e, imediatamente, percebi a sinergia entre a sua proposta e minhas crenças: compartilhávamos ideias e valores, porém em cenários com estágios de evolução diferentes. O contexto de atuação e da prática de gestão de mudança na Europa é ainda diferente da realidade da América Latina.

Ao me aprofundar no conhecimento sobre a metodologia da Changefirst, ficou muito claro que ela poderia enriquecer e complementar o que praticamos na Dextera, consultoria especializada em Gestão de Mudança que fundei em 1996, com a vantagem de podermos contar com o recurso de um aplicativo *web* muito interessante. Em 2011, David Miller lançou o seu livro na Inglaterra, que sintetizava, de maneira muito objetiva e realista, sua visão de gestão de mudança.

A decisão de lançarmos a versão brasileira do livro foi motivada pelo fato de acreditarmos que a obra seria instrumento importantíssimo para o amadurecimento e a cultura sobre o tema, desmitificando-o e, ao mesmo tempo, trazendo à luz o profissionalismo que ele exige. O meu desejo é que isso chegue às lideranças das empresas, aos responsáveis por conduzir transformações organizacionais, e que possa contribuir, verdadeiramente, para o sucesso dessas iniciativas.

Hoje, fico feliz em ver como o tema "gestão de mudança" passou a ser mais bem compreendido no mundo e, principalmente, no Brasil. Lembro-me bem que, nos últimos anos da década de 90 ou do "século passado", cheguei a cogitar a hipótese de estarmos no caminho errado, pois, à época, mencionar a necessidade de gestão de mudança nas empresas — que estavam em processo de mudanças radicais, envolvendo um grande volume de investimentos — soava como algo completamente absurdo. A típica resistência que se apresenta diante do que é inovador. Dessa maneira, naquele momento, para muitos era difícil compreender que a mudança demanda uma gestão.

Pois bem, este livro de David Miller confirma a gestão como a chave de ouro de uma mudança bem-sucedida, à altura de todos que vejam as inovações com verdadeiro interesse, portanto, sem preconceitos. Na primeira parte do livro, o autor aborda a cultura organizacional no processo de mudança, de forma objetiva e muito real. Sem se estender muito sobre o tema, descreve os elementos que a compõem de maneira clara e assertiva e com riqueza de exemplos que, inevitavelmente, nos remetem às nossas experiências profissionais.

Nesse sentido, a forma como David Miller compara uma mudança instalada com uma implementada é brilhante, pois descreve situações reais, ilustrando cenários que identificamos claramente com os que conhecemos em muitas empresas com as quais trabalhamos.

Outro ponto fundamental da metodologia da Changefirst é a ideia de que os condutores do processo de mudança devem ser, necessariamente, as pessoas da empresa, devidamente instrumentalizadas com os conhecimentos e habilidades na gestão e implementação da mudança.

O Brasil tem evoluído nessa direção. Assim, várias empresas já se organizaram e estabeleceram uma área ou escritório responsável para orientar os processos de mudanças organizacionais. No entanto, há ainda um caminho a ser percorrido: muitas empresas não compreendem que os consultores externos podem trazer experiência, metodologia e repertório para facilitar os processos de mudança, mas não substituir os representantes da organização. Com equipes cada vez menores, muitas vezes vemos projetos sem a participação efetiva de integrantes das empresas no processo de mudança.

Guardando essa premissa fundamental — a dos representantes das empresas como agentes de mudança —, nas segunda e terceira partes do livro, David Miller descreve os seis fatores críticos de sucesso propostos pela metodologia da Changefirst, nos presenteando com uma abordagem abrangente que, se assimilada por líderes e agentes de mudança, certamente os municiará com instrumentos para obter melhores resultados e sucesso nas transformações organizacionais.

Estou certa de que a publicação deste livro contribuirá, e muito, para que os profissionais de gestão de mudança aperfeiçoem seus conhecimentos e práticas, e se constituirá em um instrumento utilíssimo também para aqueles que desejam se iniciar no tema.

SIMONE MARIA DA COSTA
Sócia e Diretora da Dextera Consultoria

Sumário

Prefácio XI

Introdução 3

PARTE UM
Compreendendo o desafio da mudança — como as organizações e as pessoas se conectam
1. Comprovando a gestão de mudança — 17
2. A mudança acontece em uma pessoa de cada vez — a dinâmica pessoal da mudança — 31
3. Cultura é tudo — 43
4. Seis fatores críticos de sucesso para implementar a mudança — 57

PARTE DOIS
Fatores de sucesso organizacionais — construindo planos de mudança de sucesso
5. Propósito compartilhado da mudança — comprovando a mudança — 69
6. Construindo uma liderança eficaz da mudança — envolvendo líderes-chave — 87
7. Processos de engajamento — envolvendo a organização — 111

PARTE TRÊS
Fatores de sucesso locais — ajudando as pessoas a desempenharem
8. Compromisso dos *sponsors* locais — mobilizando gestores e líderes de equipe — 139
9. Forte relação pessoal — construindo o compromisso pessoal com a mudança — 153
10. Desempenho pessoal sustentado — ajudando as pessoas a se adaptarem à mudança — 165

Conclusão 181

Índice 187

Introdução

Este livro foi escrito para pessoas que querem implementar grandes mudanças com sucesso. Eu acredito que uma gestão de mudanças bem planejada e bem executada pode fazer suas organizações, comunidades e talvez até sua vida pessoal terem mais sucesso.

Neste livro descreverei o que você precisa fazer para mudanças bem-sucedidas. Não é um livro de autoajuda; tampouco uma simples fórmula para o sucesso, porque não existe uma fórmula simples para o sucesso. Na verdade, sua capacidade de se tornar um grande agente de mudanças virá com a prática, aprender com os erros e simplesmente sua vontade de experimentar ideias. Neste livro irei compartilhar a experiência e a abordagem que funcionaram consistentemente para mim para que, esperançosamente, você possa melhorar a implementação das mudanças em sua organização.

Como um agente de mudanças em sua organização — seja como um executivo, gestor, gerente de projeto, líder de equipe ou supervisor —, você sem dúvida irá se lançar sobre as questões descritas neste livro. Seja a mudança na qual você está envolvido uma implementação de novo software, o desenvolvimento de um produto, uma mudança no modo como se comunica com seus clientes ou um redirecionamento em larga escala de seu modelo de negócio, toda mudança pode ser difícil de ser alcançada.

Então, como você implementa mudanças com sucesso? Como você ultrapassa armadilhas e evita todas essas coisas que podem facilmente puxar o seu tapete? Como você energiza a organização em torno das mudanças? Como você constrói um suporte de liderança? Como engajar as outras pessoas para fazerem a transição *"pegar"*? Como você torna isso real para as pessoas que precisam mudar? E, o mais importante, como você faz tudo isso enquanto deve atender aos seus compromissos já existentes e ainda encontrar tempo para a sua família?

Existem muitos aspectos diferentes que vêm à mente quando falamos das mudanças — estratégia, tecnologia, processos e pessoas. Este livro é dedicado ao último. Afinal, preparar as pessoas para a adoção da mudança é o que causa os maiores problemas e é nesse aspecto que você precisa ter sucesso se tiver a intenção de alterar os outros três. Este livro, portanto, explora o que você precisa fazer para facilitar com sucesso as mudanças quando as pessoas têm de adotar novas formas de trabalhar que requerem um afastamento significativo de como elas estavam trabalhando.

Ronald Heifetz, da Kennedy School of Government, fala sobre esse tipo de mudança como trabalho adaptativo: trabalho que requer aprendizado e uma mudança nos valores, crenças e comportamento. Ele destaca que frequentemente as mudanças são apenas possíveis quando ambos os lados — a organização e os colaboradores — fazem ajustes apropriados. Para ilustrar esse ponto, Heifetz usa o exemplo de um paciente que sofre de uma doença cardíaca. A única forma pela qual esses pacientes podem ser restituídos à sua capacidade operacional é se eles assumirem responsabilidade por sua própria saúde ao fazerem ajustes apropriados de vida. Nenhuma quantidade de intervenções cirúrgicas ou de medicamentos irá miraculosamente *"consertar"* os pacientes, a menos que eles executem mudanças no estilo de vida para se assegurarem de que não tenham recaídas.

Da mesma forma, as mudanças organizacionais bem-sucedidas são um processo adaptativo que requer esforços coordenados de uma ampla variedade de pessoas em todos os níveis de uma organização que estejam coletivamente buscando o mesmo resultado positivo. Todos os lados devem assumir responsabilidades por seu papel no sucesso das mudanças, caso contrário, um fracasso não apenas será possível, como altamente provável.

Quando se trata do que realmente funciona a respeito de mudanças não existe escassez de ajuda. Eu realmente admiro o trabalho dos pioneiros da gestão de mudança como Richard Beckhard, Kurt Lewin, William Bridges, Daryl Conner, Ed Schein, Noel Tichy e John Kotter. Seus trabalhos iniciais nos foram muito úteis para compreendermos como as mudanças de sucesso acontecem nas organizações.

Entretanto, o mundo da gestão de mudanças também está cheio de todo tipo de profetas, evangelistas, ratos movendo queijos e empresas de consultoria com as mais recentes e maiores panaceias, que irão miraculosamente consertar tudo. Todos têm uma opinião sobre o que funciona — incluindo eu, caso contrário não estaria escrevendo este livro. Mas existe uma grande diferença entre uma opinião e um conjunto comprovado de processos, habilidades e ferramentas.

Desde a metade dos anos 1990, a Changefirst tem aperfeiçoado processos, habilidades e ferramentas para ajudar pessoas como você, em grandes organizações privadas ou públicas, que queiram ser capazes de implementar mudanças de maneira mais eficaz. Já ensinamos mais de 12 mil pessoas em mais de 35 países ao redor do mundo a construírem competências de gestão de mudança em suas organizações, e as ferramentas que usamos estão neste livro.

O que encontramos é que o processo das mudanças de sucesso percorre um curso parecido, independentemente do tamanho da organização ou do tipo de mudança. Ao ensinar às pessoas como gerir o processo, você radicalmente aumenta as probabilidades de as mudanças serem implementadas de maneira eficaz e de a organização atingir seus objetivos de mudança.

Como tal, este livro é escrito para agentes de mudanças — pessoas nas organizações que receberam significativas iniciativas de mudanças para planejar e executar. Se isso parece com você, então continue a ler.

Com frequência, você precisa obter resultados em ambientes difíceis e complexos. A mudança propriamente dita pode variar se ela ocorrer em um *call center*,[1] fábrica, unidade de negócios ou envolver mudanças globais em toda a companhia. Você pode trabalhar em uma organização privada, pública ou sem fins lucrativos. Você pode estar em qualquer nível na organização. Tudo o que você sabe é que precisa executar as mudanças e precisa de ajuda para responder à questão *"como eu faço isso acontecer?"*.

O desafio real que encaramos a respeito de mudanças me foi lindamente enfatizado em uma manhã, enquanto ouvia

---

1 Central de atendimento. (N.T.)

uma entrevista de um programa da rádio BBC. Jane Joyner, chefe da Education Standards Authority[2] do Reino Unido, estava explicando ao apresentador, John Humphreys, como 14 escolas falidas tinham todas conseguido sair das *"medidas especiais"*. Ela continuou a falar sobre como uma forte liderança, disciplina e uniformes escolares ajudaram a transformar essas escolas. Mas, em especial, ela estava enfatizando que essas escolas tinham construído *"planos de ações de mudanças"* e os tinham implementado com sucesso.

John Humphreys ceticamente replicou, dizendo: *"Isso tudo parece — se não se importar que eu diga — uma afirmação do óbvio"*. Você talvez possa entender por que ele respondeu dessa forma. Parece senso comum. Construir um plano e então segui-lo. O que poderia ser mais fácil? Mas assim como Yogi Berra, lendário técnico de *baseball* norte-americano, tão eloquentemente pontuou: *"Em teoria, não existe diferença entre teoria e prática, mas na prática existe"*. O problema, como muitos de nós sabemos, é que implementar mudanças com sucesso geralmente não é tão fácil — o abismo entre teoria e prática pode ser imenso. De fato, se a única competência de que as organizações precisassem fosse serem capazes de *"construir bons planos"*, o domínio de mercado seria conquistado por aqueles que contratassem os melhores consultores estratégicos.

E ainda assim o sucesso dos negócios não é alcançado por aqueles que possam construir a melhor estratégia, mas na verdade por aqueles que possam implementar a estratégia escolhida de maneira eficaz e sustentá-la.

2 Conselho Normativo de Educação. (N.T.)

O sucesso tem mais a ver com ajustar-se às demandas de mercado do que ter uma grande estratégia. Tem a ver com implementar essa estratégia e, em especial, executar as mudanças-chave necessárias para a organização se realinhar. Tem a ver com a tradução eficaz da teoria à prática.

Se, todavia, você olhar para os dados de pesquisa independente de trinta anos atrás, os prognósticos não são bons para a maioria das organizações. Muitos relatam que entre 60 e 70% das iniciativas de mudança falharam ao alcançar o que foi prometido.

No *IBM Global CEO Study*[3] de 2008, CEOs[4] e executivos seniores de todo o mundo relataram que estavam sendo bombardeados com mudanças, e muitos disseram que estavam se esforçando para conseguir prosseguir. De fato, eles enxergaram o vácuo se ampliando entre o que eles deveriam fazer e o que eram capazes de cumprir.

Executar mudanças de forma errônea pode ser muito custoso. Durante os anos 2000, a GM e a Chrysler encontraram, por uma série de razões, dificuldades para se adaptar a mercados e expectativas dos clientes em mudança — tanto que a GM está encerrando operações e a Chrysler hoje pertence à Fiat. BMW e Mercedes, por outro lado, reconheceram os desejos mutáveis de seus clientes e avançaram para corresponder a essas demandas. É interessante, porém, que até mesmo a Mercedes fez um fraco trabalho de integrar a Chrysler a seu modelo de negócio. A transação foi difícil de ser feita, mas fazê-la funcionar foi o trabalho realmente duro. Similarmente, o *Financial Times*

---

[3] Estudo IBM CEO Global. (N.T.)
[4] CEO: *Chief Executive Officer*, ou diretor executivo, ou diretor-geral. (N.T.)

Introdução

sugeriu que — antes da liderança de Jeff Bewkes — a Time Warner pode ter queimado cerca de £ 200 bilhões em patrimônio de acionistas com aquisições mal executadas.

Lembre-se, todas essas são grandes organizações, dirigidas por pessoas inteligentes. Elas são gigantes corporativos que passaram pelo teste do tempo, suscitando a pergunta: se até essas grandes corporações industriais podem errar (e, em alguns casos, errar de maneira fatal), que chance tem o restante de nós?

O desafio das organizações é desenvolver a estratégia apropriada e então implementá-la brilhantemente. Olhando para a evidência, a mais difícil das duas é a implementação. Afinal, não é raro as organizações desenvolverem estratégias similares, mas uma executa a estratégia com mais sucesso do que a outra. A batalha entre a Coca e a Pepsi é uma luta contínua pela supremacia. Ao longo de décadas, suas estratégias têm sido muito parecidas, mas cada uma dominou em épocas diferentes. E seus respectivos domínios têm recaído, muito frequentemente, sobre a liderança e a execução. Nos anos 1980, a Coca estava sob a dura liderança de Roberto C. Goizueta, que tinha escapado da Cuba de Castro em 1961. Ele tomou a completa dianteira da empresa com uma estratégia que chamou de *"corrida de riscos inteligente"*. Brilhantemente concebida e executada, ela transformou a Coca em força dominante na indústria. Após a morte precoce de Goizueta, essa liderança foi-se erodindo ao longo dos dez anos seguintes, e finalmente derrubada, conforme a Pepsi implementava excepcionalmente bem sua própria estratégia de diversificação e aquisição. Foi, e sempre é, a implementação que fez a diferença.

Geralmente, as organizações sabem o que têm de fazer. Executivos seniores são usualmente comprometidos com a ideia de mudança. O problema é que eles geralmente desperdiçam muito tempo e esforço construindo estratégias e desenvolvendo soluções técnicas, como sistemas de TI,[5] apenas para vê-los falhar na prática. Muito frequentemente, várias dessas soluções são na verdade muito boas. A questão, entretanto, é que executivos podem passar tempo demais criando estratégias e olhando para as soluções — geralmente chamadas de *"o quê"* — e pouco tempo olhando para o *"como"*, para a implementação do *"como"*. Alguns estudos mostram que executivos, nas mudanças de menos sucesso, podem passar cerca de 90% de seu tempo no *"o quê" versus* o *"como"*. E se apenas 10% de seu tempo é gasto tentando-se descobrir como as mudanças serão implementadas efetivamente, então tudo o que você tem no final são soluções de alta qualidade com implementação de baixa qualidade. E, como resultado, o negócio não obtém a recompensa integral da iniciativa.

No capítulo 1 iremos revisar algumas estatísticas de fracassos de mudanças, para que você compreenda as questões contra as quais você deve lidar. Mas, no fim das contas, este livro é sobre o elemento mais importante das mudanças de sucesso — a implementação. É sobre sua habilidade de traduzir uma potencial solução em realidade prática diária. Eu já vi muitas iniciativas implementadas com sucesso durante minha carreira e elas sempre recaem sobre a execução. As mudanças podem ser bem-sucedidas. Na verdade, em uma

---

5 TI: Tecnologia da Informação. (N.T.)

recente pesquisa da Changefirst, os participantes nos disseram que mais de 50% de suas iniciativas de mudanças foram totalmente operacionais, fazendo o que disseram que fariam. Isso se compara aos 30% de índices de sucesso em outros estudos. Examinaremos melhor esses números posteriormente.

Parece óbvio que as organizações têm de aprender a como executar as mudanças de maneira eficaz. Nossa crença, após trabalharmos nisso por mais de vinte anos, é que consultores não podem executar as mudanças por você. Eles têm muitas habilidades e capacidades, mas é muito difícil que fornecedores ou parceiros externos tenham o mesmo sucesso que agentes de mudanças internos. Em uma recente pesquisa da Changefirst, os entrevistados votaram em equipes internas como sendo de longe a melhor forma de implementar mudanças; empresas externas de consultoria foram menos eficazes. Hoje, precisamos desenvolver a capacidade de implementá-las dentro de nossos próprios negócios. Se entendermos as mudanças e, mais importante, tivermos um conjunto de ferramentas, processos e habilidades para executá-las, então podemos implementar as mudanças com sucesso — independentemente do que elas envolvem.

Isso não apenas fortalece o negócio como também coloca você — o agente de mudanças — em uma posição profissional muito forte. Este livro, portanto, lhe oferece a oportunidade real de se diferenciar em seu negócio e carreira futura para que possa consistentemente demonstrar as almejadas habilidades para a gestão de mudança.

As mudanças são, sem dúvida, as maiores força, fraqueza, oportunidade e ameaça ao seu negócio e à sua carreira.

As razões pessoais e de negócios para investir tempo e esforço em desenvolver habilidades de gestão de mudança são claras:

- Você irá construir uma vantagem competitiva para sua organização ao aumentar o número de mudanças que forem implementadas com sucesso.
- Sua organização irá economizar dinheiro. Você não apenas irá se beneficiar pelas implementações de sucesso, mas irá também economizar dinheiro ao planejar e executar as mudanças você mesmo, em vez de utilizar o suporte de consultorias externas.
- Você ganhará habilidades pessoais cruciais de carreira. Já que a mudança é a constante número um nas organizações, essas habilidades são altamente almejadas — e uma vez que você as aprende, poderá usá-las em qualquer ambiente ou situação.

A implementação de mudanças bem-sucedidas acontece quando as organizações encontram um caminho para criar um compromisso real com a nova forma de trabalho. Acontece quando as pessoas ajustam seu comportamento para corresponder às necessidades das mudanças, e elas são utilizadas como pretendidas. E tudo isso aumenta a probabilidade com que os benefícios propostos das mudanças sejam obtidos.

É sobre isso que é este livro. Ele dará a você um panorama geral de nossa experiência e esperançosamente lhe trará essa experiência de vida através de exemplos, histórias e passos de ação. Por favor, trate este livro como um panorama do que a metodologia Changefirst pode trazer a você e à sua empresa. Ela irá lhe apresentar a novas habilidades e ferramentas que irão aumentar seu valor pessoal e de empregabilidade agora e no futuro.

Se, após ler este livro, você quiser saber mais, acesse www.changefirst.com/change e descubra sobre nossas abrangentes ferramentas *on-line* de mudanças, *e-learning*[6] e serviços de facilitação de *workshops*.

---

6 Ensino eletrônico, não presencial, possibilitado pela tecnologia. (N.T.)

PARTE UM

Compreendendo o desafio da mudança — como as organizações e as pessoas se conectam

PARTE UM

Compreendendo
o desafio da
mudança — como
as organizações e as
pessoas se conectam

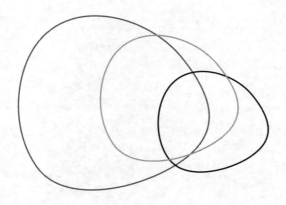

1
Comprovando a gestão de mudança

Existe um vasto número de pesquisas ao longo dos últimos trinta anos sobre a eficácia de programas de mudanças. Organizações que variam do Gartner Group à Harvard Business School e McKinsey & Company apontam para as baixas taxas de sucesso de grandes mudanças nas organizações. Por exemplo, um estudo das implementações de iniciativas de qualidade nos anos 1990 indicou 10% de taxas de sucesso nas organizações. A maior parte dos estudos, entretanto, gira ao redor de 30 a 40% de taxas de sucesso, dependendo da complexidade e dificuldade da mudança experimentada.

Os envolvidos em mudanças, entretanto, provavelmente não ficariam surpresos. Pergunte a praticamente qualquer colaborador em praticamente qualquer empresa em praticamente qualquer parte do mundo e ele será capaz de lhe apresentar histórias de iniciativas de mudanças que deram muito errado ou simplesmente definharam. Ele certamente poderá lhe mostrar a apresentação descrevendo como certas mudanças iriam alterar radicalmente a forma como as coisas seriam executadas, para serem despachadas para a lixeira 12 meses depois. Eu mesmo sou o orgulhoso proprietário de algumas *memorabilia* recentes sobre mudanças do começo dos anos 1990. Tenho, por exemplo, duas camisetas. Uma diz *"Nós faremos!"* e a segunda *"Nós fizemos"*. A segunda foi desenhada para ser usada 12 meses após o lançamento. Infelizmente, ainda está embalada, aguardando ser provavelmente vendida no eBay. Você também deve ter suvenires parecidos e histórias que já experimentou ou ouviu.

Mas, histórias e *memorabilia* à parte, esses números não são úteis porque não temos a menor ideia se essas iniciativas que *"falharam"* usaram as técnicas de gestão de mudanças ou não. Não sabemos se se diferenciavam em sua complexidade. Não sabemos a cultura das organizações em questão. Portanto, na verdade, não sabemos nada sobre as mudanças que possamos conclusivamente comprovar ou refutar. Como resultado, acredito que os números do *"fracasso* versus *sucesso da mudança"* possam ser enganosos. Permita-me explicar por quê.

Durante anos conduzimos *workshops* e falamos para equipes de executivos e empresas de consultoria sobre a implementação das mudanças. Na época, estava na moda discuti-las em termos de *"sucesso e fracasso"* e ainda assim descobrimos que pessoas mais experientes geralmente repeliam essa descrição. Certamente ninguém quer admitir que falhou, mas isso não era tudo. Invariavelmente, eles falavam sobre taxas relativamente altas de sucesso ao implementar as mudanças. No fundo, as estatísticas não batiam com aquelas mencionadas pelas organizações de alta reputação, como Gartner Group. Na verdade, esses números eram em geral diametralmente opostos àqueles produzidos por pesquisadores independentes. Em vez de uma taxa de 30% de sucesso, equipes seniores algumas vezes relatavam que mais de 70% de suas mudanças eram bem-sucedidas. Então o que estava acontecendo? Talvez simplesmente não fosse correto descrever os resultados em termos tão exatos como preto e branco. Certamente não estávamos conseguindo casar as duas realidades.

Conforme nos deslocamos nas organizações a partir do time executivo em direção às equipes de projeto e gestores, a história começava a mudar levemente, à medida que obtínhamos mais informações. Nós ouvíamos coisas como: *"Bem, sim, está aqui e usamos quando precisamos. Mas, se as pessoas podem evitar, elas evitarão"*. E ainda assim claramente a mudança está lá na empresa. O novo sistema ou processo de cliente está instalado; o *software* e o *hardware* estão configurados, o treinamento técnico já foi dado e as pessoas já foram comunicadas sobre ele — mas não foi feito nenhum trabalho para construir o comprometimento das pessoas para com ele ou para criar uma real mudança de comportamento. Consequentemente, não é muito usado. Um estudo do Gartner Group confirmou que *"80% de todos os projetos de tecnologia não foram... usados da forma pretendida ou não foram usados de forma alguma seis meses após a instalação"*.

Esses dados são sustentados por nosso trabalho e experiência. Eu me lembro de perguntar a um amigo sobre um novo sistema *Customer Relationship Management (CRM)*[7] que sabia que havia sido implementado em sua empresa. Ele já estava na empresa há vinte anos e era um dos melhores vendedores no Reino Unido. Sua resposta foi: *"Bem, eu faço qualquer coisa para não usá-lo. Faço o mínimo possível, caso contrário, terei de passar duas ou três horas em um sábado arrumando-o e isso não é o que quero fazer. E algumas vezes ele me direciona para algo que sei que não vai funcionar, então eu o ignoro"*.

---

[7] Gestão de Relacionamento com o Cliente. (N.T.)

O fato é que raramente as mudanças são totalmente malsucedidas. Por exemplo, raramente uma solução de TI é simplesmente abandonada; mais provavelmente, será usada em parte. Talvez seja usada particularmente por alguns colaboradores ou para algumas tarefas específicas. Talvez seja usada superficialmente por pessoas como meu amigo com o sistema CRM. Mas é raro alguém simplesmente descartar a solução.

Ficou claro que existem tons de cinza que não estavam sendo considerados no ponto de vista do "sucesso ou fracasso".

Instalação *versus* implementação da mudança

Descrever a mudança em termos de sucesso e fracasso pode ser claro e direto, mas não é exato. E, talvez o mais importante, não é útil. Então começamos a fazer uma distinção entre instalação e implementação. Essa perspectiva repercutiu entre as pessoas da organização porque era mais exata e mais palatável para enxergar a mudança a partir desse ponto de vista. Executivos seniores mais provavelmente diriam *"Sim, posso ver que foi instalada"* do que *"Sim, posso ver que fracassou"*.

Reconhecer essas nuances de cinza também é essencial para se diminuir a perda de valor e içar a instalação no nível da implementação — veja Figura 1.1. Uma das razões pelas quais as organizações não tiram total proveito das iniciativas de mudança é porque confundem instalação e implementação, e param na instalação. Elas não percebem que a instalação é apenas um marco em direção à implementação total e, como tal, tiram o pé coletivo do acelerador e o impulso definha. Consequentemente, as mudanças se enfraquecem na instalação, nunca cumprindo totalmente seu potencial prometido. Por exemplo, ter um novo sistema de TI no escritório central

Figura 1.1: Implementação *versus* instalação

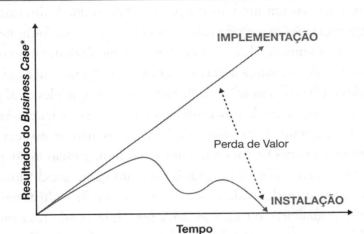

* *Business Case* = Plano de Negócios

pode ser uma instalação bem-sucedida, mas se todos ainda usam o sistema antigo, então a mudança foi uma perda de tempo, de dinheiro, de energia, e não atingiu os benefícios.

Em um exemplo real de como a instalação pode não atingir o objetivo, eu estava recentemente trabalhando com uma empresa bem conhecida no Reino Unido. Ao longo dos anos, eles adquiriram diversas empresas, algumas grandes e outras pequenas. Na superfície, tudo parecia integrado: por exemplo, havia políticas compartilhadas, endereços de e-mail uniformizados e *branding*[8] idêntica dentro da empresa. Sob uma inspeção mais próxima, ficou claro que os colaboradores de muitas das empresas adquiridas ainda se

8 Identidade de marca. (N.T.)

viam como parte de suas organizações originais. Eles agiam como pessoas em um país ocupado e reprimido. Assim que a gerência sênior saía da sala, eles voltavam a usar o nome da antiga empresa. Eles frequentemente me diziam como o processo de mudança precisava ser adaptado para as necessidades da *"sua empresa"* e também ficou claro que eles ainda usavam uma série de processos velados para gerenciar coisas como relacionamento com o cliente. Eles não se associavam ou se conectavam com a nova empresa, e todas as suas histórias eram sobre quão grandiosa a antiga empresa tinha sido e quão inadequada a nova empresa era. Se as histórias eram verdadeiras ou apenas uma nostalgia cor-de-rosa ou até mesmo uma total inflexibilidade, era irrelevante. O que tinha acontecido é que não houve um processo de gestão de mudanças para garantir que as pessoas deixassem o passado para trás e seguissem a nova organização em uma forma positiva e construtiva.

A mudança não ocorre quando o novo sistema está a postos ou o *software* está instalado nos servidores ou o *hardware* está funcionando. Acontece quando alguém se compromete com o novo sistema e percebe que a informação a que agora tem acesso é melhor, de alguma forma, do que teria sido com o sistema anterior. Acontece quando alguém diz: "Sim, este sistema é *útil para mim*" ou mesmo "*Eu só preciso me dar bem com ele e aprender algumas novas habilidades*". Nesses momentos as mudanças são implementadas, o comportamento muda e o potencial total do negócio é percebido.

A razão pela qual a diferença entre instalação e implementação é chamada de *"perda de valor"* é porque existe uma diferença entre o valor que é alcançado na instalação e *Business*

Case, ou retorno no investimento que foi inicialmente previsto. E a perda de valor é o caso mais poderoso de gestão de mudanças e desenvolvimento de uma capacidade de geri-las em toda organização. Sem os processos efetivos de gestão de mudanças é muito difícil conquistar consistentemente os objetivos de transformações da organização.

Você deve querer uma pausa para pensar sobre as mudanças em sua organização e imaginar qual seria a perda de valor. Quando conduzimos *workshops* geralmente temos muitos olhares para o teto e esfregões de queixo antes de alguém corajosamente sugerir: "*Não sei, mas seria um monte!*". Ocasionalmente já tivemos participantes mais experientes que fizeram algumas grandes estimativas, baseadas no número de iniciativas anteriores e seu respectivo sucesso, e anunciando que a empresa perderia provavelmente cerca de $ 80 milhões. Já tivemos até um caso singular de um cliente que admitiu serem mais de $ 100 milhões, ao longo das operações globais!

Você nunca atingirá 100% de implementação em todas as suas iniciativas, mas existe uma enorme recompensa financeira e vantagem competitiva a ser aproveitada pela organização que possa diminuir a perda de valor com sucesso. Um estudo recente da Changefirst indicou que em grandes projetos onde mais de £ 1 milhão foi gasto em implementação, a gestão de mudanças pode acrescentar £ 6,50 de valor para cada libra gasta. Portanto, os ganhos em potencial são enormes.

Os custos da mudança instalada

Existem quatro principais custos associados à instalação de mudanças:

- a mudança instalada é cara
- a mudança instalada gera um alto custo pessoal
- a mudança instalada custa aos líderes sua credibilidade
- a mudança instalada faz de sua organização uma competidora fraca no mercado

A mudança instalada é cara

Se você está implementando uma nova tecnologia ou alterando radicalmente um processo de negócio, sempre existe um custo financeiro envolvido. Em um estudo conduzido em 2004, John McManus e Trevor Wood-Harper mostraram que o custo estimado de fracassos apenas de projetos de TI na União Europeia foi de surpreendentes 142 bilhões de euros. O professor Chris Clegg da Universidade de Sheffield conduziu uma pesquisa na mesma área e descobriu que £ 58 bilhões são gastos em mudanças relacionadas à TI no Reino Unido, todos os anos. Nossa suposição é que essas estimativas incluem apenas grandes mudanças em TI; imagine o tamanho desse número se incluíssemos todas as mudanças em TI. A maior parte do desperdício real em mudanças acontece em iniciativas fracassadas menores.

Eu me lembro de uma vez conversar com um experiente diretor de programas de uma empresa FTSE 100.[9] Ele me disse que na sua organização você podia ser responsável por um projeto de mudança que valia até £ 5 milhões, e se ele fosse instalado e não houvesse nenhum benefício resultante, poucos questionamentos seriam feitos. Os envolvidos sim-

---

9 O FTSE 100, acrônimo de Financial Times Stock Exchange, é um índice calculado pelo FTSE Group. Ele mede o desempenho das ações das cem maiores empresas britânicas presentes na Bolsa de Valores de Londres. (N.T.)

plesmente não eram responsabilizados por esses *"pequenos"* projetos de mudança. Aparentemente, a equipe executiva apenas se interessava pelos projetos acima de £ 5 milhões. Se algum deles falhasse, então os líderes dessas iniciativas poderiam ter de lidar com uma grande variedade de resultados negativos.

Sou alguém que já trabalhou com e para empresas globais por aproximadamente 25 anos, mas até mesmo eu fiquei surpreso. Até mesmo deduzindo que esses relatos possam ter sido adornados com um pequeno exagero arrogante, as implicações são enormes. Se o que ele diz é verdade — eu não tenho outra razão para acreditar no contrário —, é provável que também seja verdade para muitas grandes organizações. Nesse caso, a quantidade de mudanças fracassadas nas organizações deve ser colossal.

Isso não apenas destaca o custo financeiro massivo das mudanças fracamente implementadas, mas também demonstra o impacto nas pessoas.

A mudança instalada gera um alto custo pessoal

Se a evidência sugere que apenas uma fração das mudanças experimentadas é implementada, então a maioria das pessoas envolvidas na mudança terá apenas experimentado a instalação — na melhor das hipóteses. Isso tem sérias repercussões para o engajamento dos colaboradores. Os abrangentes dados reunidos pela organização de pesquisa de opinião pública Gallup, que investiga a natureza e o comportamento humano nas organizações, sugerem que em uma organização média a proporção de engajados em relação aos colaboradores ativamente desengajados é de apenas 1,5 para 1. Em outras palavras, para cada três colaboradores engajados, existem dois que estão ativamente desengajados.

Como comparação, organizações de classe mundial registram uma proporção de comprometimento próxima a oito para um, o que significa que existem oito colaboradores engajados para cada desengajado. Dentro da mão de obra norte-americana, a Gallup estima que o custo do desengajamento seja de mais de $ 300 bilhões somente em perdas de produtividade.

O interessante é que um dos principais fatores de influência sobre o comprometimento dos colaboradores é o grau em que todos eles veem a organização implementar mudanças com sucesso. Ser parte de iniciativas de mudança que constantemente falham ou se encerram na instalação desmotiva as pessoas e extrai sua energia, foco e empolgação. E não são boas notícias tampouco para aqueles liderando as mudanças.

A mudança instalada custa aos líderes sua credibilidade
Como um agente de mudanças ou líder de mudanças, se você continuar a anunciar as mudanças aos seus colaboradores e nada acontecer, isso criará um cinismo e diminuirá a confiança.

Isso significa que os líderes pagam os preços mais altos pelas mudanças fracassadas ou instaladas — eles perdem sua credibilidade. O núcleo da liderança é a confiança, e iniciativas instaladas erodem essa confiança a taxas alarmantes. Em nosso trabalho, a pergunta mais frequente que nos fazem é: *"Como eu convenço meu chefe a demonstrar apoio a essa mudança?"*. Isso se torna ainda mais urgente se o chefe tem um histórico de instalação. Isso cria o *"efeito bambu"*. Quando o líder anuncia uma nova mudança, os colaboradores simplesmente adotam as características de um bambu em uma tempestade. Eles se dobram para se adaptar à tempestade, mas uma vez que a tempestade passa, recuam à posição original como se nada tivesse acontecido.

Infelizmente, para o líder, o efeito bambu não é sempre pessoal. Se a organização tem um legado de mudanças fracassadas ou instaladas, pode ser muito difícil quebrar o cinismo resultante e persuadir os outros de que um novo líder fará a diferença. Nessas situações, o efeito bambu prevalecerá.

A mudança instalada faz de sua organização uma competidora fraca no mercado

Se é necessário estar um passo à frente da concorrência ou reconquistar o *market share*[10] perdido, então a instalação terá repercussões óbvias para sua vantagem competitiva. É claro que as organizações que prosperam são as que podem efetivamente implementar a mudança, se adaptar a tendências de consumo mutantes e assim por diante, independentemente da posição ou domínio de mercado. Muitos concorrentes têm estratégias muito parecidas, mas é sua respectiva habilidade de executar essas estratégias que os separa.

Existe também um custo de oportunidade associado à mudança instalada. Nós todos temos uma quantidade limitada de tempo em nosso dia de trabalho. Se você, seus colaboradores ou colegas estão preocupados com a mudança, especialmente com a que não culmina nos objetivos de negócios esperados, então o negócio sem dúvida perdeu valiosas horas de trabalho que nunca poderão ser recuperadas. Essas horas de trabalho poderiam ter sido investidas de outra forma, melhor e mais

---

10 Participação no mercado. (N.T.)

rentável. De fato, em alguns casos foi descoberto que acionistas ou contribuintes teriam sido beneficiados se a organização tivesse simplesmente dado a eles o orçamento gasto na iniciativa de mudança.

Uma implementação de sucesso não é gratuita

É claro que implementar a mudança, em vez de apenas instalá-la, traz enormes benefícios – mas também existem custos associados à implementação. Vamos percorrer os custos organizacionais associados à implementação da mudança.

Você deve apontar recursos específicos para liderar as atividades da gestão de mudança. Dependendo do tamanho do projeto, pode ser uma pessoa ou um grupo. Em nossa experiência, pedir a membros de equipes de projeto com dedicação parcial para assumirem a responsabilidade por um grande projeto de mudança é um fator de risco significativo na mudança.

Você precisa despender mais tempo para ocorrerem todas as atividades da gestão de mudança. Envolvimento, aprendizado e comunicação bem planejados e executados levam mais tempo para serem cumpridos. O objetivo é criar um impulso logo no início do projeto através do engajamento das pessoas. A partir de então, você cria um efeito *"bola de neve"* — em que se adquire velocidade conforme o projeto ganha tração ao longo do tempo.

Você precisa treinar seu pessoal para ser eficaz em planejar e executar a mudança. Isso leva tempo e custa dinheiro. Você pode conseguir a gestão de mudanças de membros de projeto não treinados; só é provável que não seja uma boa gestão de mudança. Você precisa treinar seu pessoal para ser capaz de planejar, executar e rastrear as atividades de mudanças, especialmente aquelas atividades que envolvem e impactam outras pessoas. Você precisa que seu pessoal tenha habilidades em áreas como comunicação, mudança comportamental e envolvimento.

Nada que valha a pena na vida é de graça e a mudança sustentável não é exceção. A implementação pode ser custosa, mas não é nada perto dos custos de uma mudança fracassada ou instalada e fracassada. A recompensa em ver uma iniciativa de mudança por meio da instalação até a apropriação e engajamento é exponencialmente aumentada se você utilizar a gestão de mudança para guiá-lo em direção à implementação.

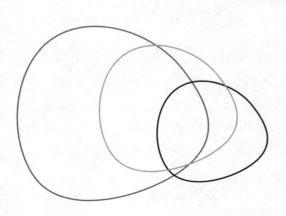

2

A mudança acontece em uma pessoa de cada vez — a dinâmica pessoal da mudança

Quando J.P. Garnier, o ex-CEO e ex-*chairman*[11] da empresa farmacêutica GlaxoSmithKline (GSK), foi entrevistado sobre executar mudanças, ele disse: *"Fazer as pessoas mudarem — uma de cada vez — é a única forma de mudar as organizações. Afinal, toda mudança é pessoal"*.

Garnier fez um ótimo trabalho ao descrever a questão central nas mudanças organizacionais. Nos negócios, onde a complexidade é geralmente mais admirada do que a simplicidade, pode ser tentador pensar em grandes conceitos — como programas de mudanças, lançamentos, reengenharia, terceirização — como pontos cruciais das mudanças de sucesso. Como tal, é muito fácil esquecer a realidade: de que são as pessoas envolvidas nas mudanças que precisam se adaptar e evoluir para fazerem mudanças de sucesso.

Mudanças não são mais eventos isolados exclusivos. Os indivíduos nas organizações estão sendo requisitados a lidar com múltiplas mudanças que interferem em todos os aspectos de suas vidas. Novos sistemas de TI, novos processos de serviços ao consumidor, novas estruturas organizacionais,

---

11 Presidente do Conselho de Administração. (N.T.)

novas gerências, novos procedimentos financeiros — cite qualquer coisa, e alguém vai mudá-la. E isso não inclui as mudanças que as pessoas têm de lidar em suas vidas pessoais. O resultado agregado para muitas pessoas é uma quantidade esmagadora delas.

Existem muito mais mudanças do que já existiram. E não é somente a velocidade e a quantidade delas que estão fazendo a diferença. O avanço das tecnologias confere inovações obsoletas muito rapidamente; informação prontamente acessível significa que o cliente tem mais discernimento e demanda serviços melhores, maior qualidade e preços justos. Para muitos negócios, a concorrência não é mais limitada pela localização geográfica.

Acima de tudo, a sociedade está mudando. Há 25 anos, um *"emprego para a vida toda"* era normal. Trinta anos de serviço e um relógio de ouro eram corriqueiros. Hoje, uma pessoa mediana troca de emprego diversas vezes e provavelmente muda de carreira, de local de trabalho e de cargo durante sua vida de trabalho. A forma como você interage com a sociedade e como você consome também mudaram e quase certamente continuarão se alterando.

Ao final dos anos 1990, fomos tranquilizados por vários *"gurus"* e palestrantes motivacionais de que não devíamos nos preocupar demais com a crescente quantidade de mudanças porque os seres humanos foram projetados para elas. De fato, nós deveríamos aprender a amá-las por meio do *"simples"* passo de mudar nossa programação mental. O problema é que a maior parte de nós não ama as mudanças — especialmente a do tipo incontrolável e que produz rupturas.

Somos todos loucos controladores

A verdade é que não gostamos de grandes mudanças, de forma alguma. A maioria das pessoas prefere o *status quo* ou mudar devagar, em seu próprio ritmo. Seres humanos estão evoluindo há milhões de anos. O novo campo da pesquisa científica conhecido como psicologia evolutiva argumenta que embora habitemos um mundo totalmente moderno de inovação tecnológica, de exploração e de mudanças quase constantes, fazemos isso com a mentalidade inerente a nossos ancestrais da Idade da Pedra. Em outras palavras, podemos ter tirado o homem da Idade da Pedra, mas não tiramos a Idade da Pedra do homem.

Então, embora nossa automatização humana básica não tenha mudado muito, nossa necessidade de lidar com mudanças se transformou — mesmo que após duas ou três gerações. E isso tem repercussões.

Nosso trabalho demonstra o que as ciências sociais sempre acreditaram ser verdade — as pessoas têm uma tendência ao controle muito forte. Somos de maneira inata levados a buscar e a encontrar o controle em nossas vidas. Nós ganhamos um senso de conforto e bem-estar a partir da certeza que percebemos, e quando essas percepções são abaladas, nós nos abalamos. Pense nas mudanças como produtoras de rupturas em nossa percepção de controle. As mudanças geralmente nos fazem sentir como se estivéssemos perdendo o controle e essa sensação nos faz instintivamente resistir ao que percebemos que esteja nos acontecendo.

Estamos, portanto, não reagindo à mudança propriamente dita, mas ao que ela traz e ao impacto que pode ter sobre nós. Nós podemos querer mudar de casa, por exemplo, mas a ruptura que ocorre com esse movimento nos faz protelar a ação. A ideia de ter de passar incontáveis manhãs de sábado selecionando as possíveis casas, lidar com advogados, ter o financiamento aprovado pelo banco, nos associar a novos clubes e então empacotar e desempacotar pode ser esmagadora.

A questão do controle é vitalmente importante para os agentes de mudanças. Você nunca deve subestimar sua importância. Em seu livro *59 Segundos*, o professor Richard Wiseman cita o trabalho de Ellen Langer na Harvard University:

"Metade dos residentes de uma casa de repouso recebeu uma planta e a incumbência de cuidar dela, enquanto a outra metade recebeu uma planta idêntica, mas lhes foi dito que os colaboradores tomariam conta dela. Seis meses depois, os residentes que haviam perdido até mesmo essa pequena quantidade de controle sobre suas vidas estavam significativamente menos felizes, menos saudáveis e menos ativos do que os outros. Ainda mais desolador, 30% dos residentes que não cuidaram da planta haviam morrido, comparados aos 15% daqueles que puderam exercer tal controle. A mensagem é clara — aqueles que não se sentem no controle de suas vidas têm menos sucesso, e menos saúde psicológica e física, do que aqueles que se sentem no controle".

Não surpreenda as pessoas!

Uma vez tendo enxergado as mudanças através das lentes do controle, você pode começar a perceber o que acontece às pessoas quando você anuncia mudanças. Isso é particularmente verdade quando anuncia mudanças que elas não estão esperando.

As mudanças rompem com os fortes sentimentos de controle conscientes ou inconscientes que as pessoas desenvolvem no *status quo* ou no estado atual. Consequentemente, as pessoas no meio das mudanças geralmente se sentem inseguras e amedrontadas. Elas estão preocupadas que lhes possa faltar a capacidade de mudar; elas podem ter tantas outras mudanças acontecendo que simplesmente não têm mais a capacidade de lidar com isso. Elas também podem estar preocupadas em não ter as habilidades necessárias. A ideia de aprender uma nova forma de produzir pode causar desconforto, já que geralmente as pessoas têm dúvidas se ainda possuem as competências que precisarão para terem sucesso. Além disso, pode lhes faltar a confiança de que serão capazes de produzir da nova forma. As pessoas geralmente constroem certo nível de confiança na forma como trabalham hoje; sua confiança pode balançar se elas tiverem de desaprender tudo isso e produzir de uma nova forma. E elas ficarão desconfortáveis com as novas formas de trabalho e com as novas relações de trabalho; existe um nível de conforto em poder fazer seu trabalho bem o suficiente para não causar qualquer estresse. Além do mais, quando as tarefas e as responsabilidades mudam, as relações de trabalho podem ser alteradas; as pessoas geralmente perdem as relações estabelecidas e se preocupam sobre como as novas serão.

Descongele — mude — recongele[12]

Nos anos 1940, o psicólogo Kurt Lewin explicou que havia três estágios básicos para o processo de mudanças pessoal, e

---

[12] Encontramos algumas diferenças nos termos oficiais da teoria do psicólogo Kurt Lewin, como "descongelamento, movimento e recongelamento", "descongelamento, transição e recongelamento" e "descongelamento, mudança e recongelamento", das quais optamos pela terceira opção, já que "mudança" nos é um termo-chave. (N.T.)

desde então sua teoria formou a base de nossa compreensão de como as pessoas se adaptam às mudanças. O modelo de Lewin mostra como as pessoas se deslocam através dos três estágios distintos:

1. Descongelamento
2. Mudança
3. Recongelamento

A primeira parte é, como o nome sugere, um descongelamento ou derretimento da forma antiga. As pessoas nas organizações são informadas da necessidade de mudanças. Elas estão sendo requisitadas a efetivamente desaprender as maneiras antigas. Aqui, os mecanismos de defesa natural têm de ser contornados e as pessoas precisam ser tranquilizadas sobre a validade e a necessidade de mudanças.

O segundo estágio é o da própria mudança, em que as pessoas experimentam as novas formas de trabalho ou de comportamento. Esse é tipicamente um momento confuso de transição. As pessoas nesse estágio sabem que algo está diferente e que estão indo a algum lugar novo, mas estão ainda incertas sobre qual será o destino final.

E o terceiro e último estágio é o recongelamento, em que as pessoas empregam novas habilidades e atitudes e são recompensadas pela organização. Aqui, a nova forma se torna a norma e um nível de conforto retorna aos indivíduos envolvidos.

O *"recongelamento"* significa o final do processo, conforme a mudança é solidificada à prática diária, mas essa não era a intenção de Lewis. Ele via os três estágios como um processo contínuo de descongelamento, mudança e recongelamento, durante o qual cada conjunto de mudanças é constantemente seguido por outro conjunto.

Transições turbulentas

O quão profunda ou o quão difícil é a transição a partir do estado atual até o estado futuro depende das mudanças e dos indivíduos envolvidos nelas, além da quantidade e da complexidade das mudanças com as quais se espera que eles lidem.

Em seu livro *Sobre a morte e o morrer*, a psiquiatra suíça Elisabeth Kübler-Ross descreveu o modelo *"cinco estágios do luto"*. Esses são os estágios que as pessoas atravessam quando diagnosticadas com uma doença terminal e ao encarar a morte. Seus cinco estágios são a negação, a raiva, a barganha, a depressão e a aceitação.

Esse modelo criterioso foi posteriormente reconstruído e desenvolvido por psicólogos industriais que reconheceram a correlação entre os estágios de luto e os processos pelos quais as pessoas atravessam quando confrontadas com mudanças. Modelos subsequentes acrescentaram estágios extras para facilitar o uso no cenário organizacional.

- **Choque:** *"Eu não vi a mudança se aproximar"*.
- **Negação:** *"Bom, de qualquer forma, isso não vai me afetar"*. *"Se eu ficar quieto, isso vai passar e então voltaremos ao normal."*
- **Raiva:** *"Outra iniciativa de mudança, não!"*. *"Por que eles simplesmente não deixam isso quieto?! De qualquer forma, nunca vai funcionar."* *"Eles não têm ideia do que está acontecendo no momento e agora querem mudar."* *"Eu não tenho tempo."*

Figura 2.1: Reações a mudanças

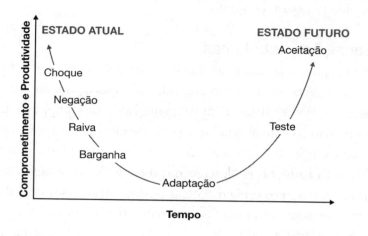

- **Barganha:** *"Se eu assumir aquela atividade extra que você queria que eu assumisse, posso ficar isento da mudança?"*.
- **Adaptação:** *"Isso não parece que vai acabar, então terei de fazer algumas mudanças"*. *"Eu apenas farei algumas pequenas mudanças e isso vai facilitar."*
- **Teste:** *"Bom, isso é na verdade mais fácil do que a forma antiga, agora peguei o jeito"*. *"Isso realmente me economiza tempo e não é tão difícil de usar, então talvez eu faça uma tentativa."*
- **Aceitação:** *"O.k., posso enxergar os benefícios das mudanças. Valeu o investimento e facilitou minha vida"*. *"Eu posso acessar a informação de que preciso muito mais rápido com essas mudanças e isso me ajudou a fazer meu trabalho melhor."*

O quão suave é esse caminho depende do tamanho das mudanças e de quanta resistência você encontra ao longo da jornada. Como descobrimos, seres humanos não gostam muito de mudanças. Nós gostamos de saber onde estamos no mundo; gostamos de saber o que estamos fazendo e de nos sentir confiantes de que podemos fazer o que nos é requisitado. Quando essa certeza é desafiada, nós instintivamente vamos resistir a ela.

Resistência é natural

A resistência é a consequência comportamental quando alguém sente que perdeu o controle de uma situação. Se alguém acredita que perdeu o controle, vai instintivamente *"pisar nos freios"*, e uma vez que isso acontece, pode ficar extremamente difícil provocar uma aceleração.

Se alguém sente que seu nível de compreensão ou de conforto está sendo ameaçado e não está certo do que lhe acontecerá, ele começa a resistir. E, de uma forma geral, quanto maior o nível de ruptura, maior o nível de resistência resultante. É importante entender que a resistência é uma parte natural do processo. Você deve educar seus gestores para que a conduzam, em vez de gastarem tempo e energia tentando erradicá-la. Um indicador-chave de sucesso será a capacidade de seus gestores de ajudar as pessoas a se adaptarem a mudanças.

Eu estava conduzindo um *workshop* há alguns anos e uma gerente de vendas me disse que seu pessoal tinha passado por mudanças demais: *"Eles simplesmente não estão mais interessados. Muitos deles estão procurando empregos em outras empresas — onde a 'grama é mais verde' — e outros estão trabalhando, mas não estão de fato presentes"*. Daryl Conner, autor de *Gerenciando na velocidade da mudança*, descreve esse estado como uma esponja de banho que já está cheia de água. Não importa o quanto mais de água você despejar sobre a esponja, nada mais será assimilado.

A maioria de nós tem uma capacidade fixa razoável para mudanças. Nós podemos nos diferenciar em nossa capacidade para aceitá-las e assimilá-las. Mas todos temos um teto. Em outras palavras, todos temos um limite de mudanças com o qual podemos lidar a qualquer momento. Esse limite é composto por mudanças pessoais e profissionais.

Se os indivíduos têm uma capacidade finita para mudanças e as organizações são simplesmente coleções de indivíduos, então é seguro deduzirmos que as organizações também têm uma capacidade finita para elas. As organizações são, afinal, o agregado de pessoas que trabalham lá.

A principal causa desse problema, em nossa experiência, é o que algumas vezes é chamado de *"carga contínua"*. As organizações constantemente empilham uma mudança sobre a outra. Essas mudanças são geralmente complexas, sobrepostas e vêm rápido, uma após a outra. Colaboradores ficam desgastados pela mudança contínua. Isso é composto pela ausência de pausa; então os colaboradores têm pouca oportunidade de recuperar sua capacidade. Uma recente pesquisa publicada na *Harvard Business Review* relatou que 86% dos colaboradores reclamaram que suas empresas não permitiam tempo suficiente para reflexão e regeneração após fases estressantes (de mudança). Com pouco tempo para se recuperarem e dificuldade para enxergar o final da turbulência, os colaboradores se tornam desengajados e desmotivados. Mais que tudo, eles sofrem da *"fadiga da mudança"*. Uma de nossas observações, incidentalmente, é que você enxerga essa fadiga em executivos, assim como em operários.

Este livro é sobre a implementação de mudanças avulsas e não é focado em resolver o problema da carga contínua. Mas se as organizações querem ter mais sucesso ao implementar mudanças, claramente elas têm de tentar e encerrar esse ciclo de mudanças contínuas e incessantes.

As mudanças geralmente trazem resultados positivos às pessoas

É muito fácil, quando falamos de mudanças, controle e resistência, enxergarmos aquelas como uma experiência sem resultados positivos. É tudo desconfortável e cheio de rupturas. Mas nós aprendemos e nos adaptamos através de mudanças. Assim como muitas pessoas, quando olho para trás na minha vida, geralmente foram as maiores que mais me ensinaram e ajudaram.

Mihaly Csikszentmihalyi, o professor húngaro de psicologia da Escola de Administração Drucker da Claremont Graduate University na Califórnia, escreve em seu clássico livro A *descoberta do fluxo*:

"*Ao contrário do que geralmente acreditamos, os melhores momentos de nossas vidas não são os passivos, receptivos, relaxantes — embora tais experiências também possam ser agradáveis, se trabalhamos muito para obtê-las. Os melhores momentos geralmente ocorrem quando o corpo ou a mente de uma pessoa é estendido a seus limites em um esforço voluntário para conquistar algo difícil e válido... Tais experiências não são necessariamente prazerosas no momento em que ocorrem... Assumir o controle da vida nunca é fácil, e algumas vezes pode ser definitivamente doloroso. Mas no longo prazo a experiência ideal chega a um sentido de superioridade — ou, talvez melhor, a um sentido de participação ao determinar o teor da vida — que se aproxima tanto do que geralmente é tido por felicidade quanto de qualquer outra coisa que possamos concebivelmente imaginar".*

As mudanças podem ser um momento excitante de aprendizado e reinvenção. Pessoas flexíveis se agarram à oportunidade e usam a experiência para se impulsionarem adiante.

As mudanças de fato não ocorrem a *"uma pessoa de cada vez"*. É fácil, ou até mesmo conveniente, se esquecer das pessoas — mas se você quiser mudanças implementadas com benefícios em vez de mudanças instaladas ou fracassadas e custosas, então você simplesmente não pode se esquecer delas. Minha observação, ao longo dos anos, é que muito frequentemente a diferença entre a mudança instalada e a implementada recai sobre a vontade do líder de abraçar essa simples realidade. As pessoas são sempre a chave para mudanças de sucesso. Muito frequentemente, você pode conquistar a instalação com força bruta e ignorância, mas precisa de coordenação e cooperação para conquistar o domínio, em que as mudanças cumprem todas as suas promessas. Muito frequentemente, líderes que não são bons em conquistar a implementação encontram modos de ignorar esse conselho. Você os ouvirá dizer coisas como *"nosso pessoal é muito inteligente, então vão conseguir"*, *"eles terão de fazer isso, não há escolha"* ou *"isso é apenas uma mudança de TI"*. Meu conselho a você é para que seja muito cuidadoso ao proceder com mudanças se os líderes tiverem esse modelo mental. Ajude-os a compreender como as mudanças irão impactar as pessoas e como elas provavelmente reagirão às mudanças, antes de irem em frente.

3

Cultura é tudo

É impossível falar sobre mudanças sem discutir a cultura. Então vamos discuti-la brevemente.

Lou Gerstner, o ex-CEO da IBM, disse em suas memórias — *Quem disse que os elefantes não dançam? Os bastidores da recuperação da IBM*: "O que eu aprendi na IBM é que cultura é tudo".

O que ele quis dizer é que é fácil pensar em cultura como outra dimensão do negócio, como sistemas ou estratégias, mas, de fato, a cultura influencia tudo que a empresa faça. A forma como você constrói sua estratégia é influenciada por sua cultura. Uma recente pesquisa da McKinsey indicou que as competências que construímos nas organizações têm mais chances de estarem conectadas à nossa cultura do que qualquer análise sobre o que a empresa de fato precisa para ser bem-sucedida. Em outras palavras, é a cultura que dita o que fazemos, em vez da necessidade ou da estratégia. Nada fica ileso à cultura. O argumento de Gerstner era que para transformar a IBM ele teve de lidar com esse fato.

E ele não está sozinho. Para muitos agentes de mudanças, a cultura cria uma espécie de dilema. Por um lado, você não pode ignorá-la; por outro, é incrivelmente difícil mudá-la.

Quando eu comecei a colaborar com a implementação de mudanças, eu tratava toda iniciativa de mudanças como um esforço de mudar a cultura. (Olhando para trás, acho que se a gerência me pedisse para redesenhar o restaurante dos colaboradores, eu teria descrito isso como um projeto de mudança de cultura!). Entretanto, para descrever a mudança em termos de cultura, seria necessário deixar os planos de mudança mais complexos do que precisariam ser. O tempo necessário para implementar a mudança certamente seria estendido e, francamente, criaria um alarde desnecessário. Com frequência, líderes repentinamente enxergavam as mudanças como intimidativas demais para serem lideradas e começavam eles próprios a resistir a elas. Assim, claramente existem algumas iniciativas que são mudanças culturais realmente grandes e precisam de todas as ferramentas pesadas que você puder trazer para que elas tenham sucesso.

O que eu finalmente considerei útil foi pensar sobre as mudanças de cultura de duas formas diferentes. Ambas têm a ver com mudar os comportamentos e valores das pessoas, mas são diferentes em relação ao foco, impacto e sucesso.

O primeiro tipo de mudança cultural é o que Gerstner cita em seu livro. Ele envolve mudar a cultura da organização de um modo muito fundamental. No caso da IBM, havia múltiplos fios condutores de mudanças. Por exemplo, a IBM passou a ser mais embasada em uma cultura de serviço, reconstruiu um clima de responsabilidade real e passou a ter uma cultura mais descontraída, alinhada aos tipos de organizações do Vale do Silício. Esse tipo de mudança cultural é muito difícil. De fato, alguns estudos — como o relatório de Inteligência Empresarial *Gerindo e sustentando mudanças radicais* — indicaram que existe menos de uma em cada dez chances de que você terá sucesso. Certamente, o que eu observei em mais de

25 anos é que essas mudanças demandam uma grande liderança e esforço organizacional para terem sucesso.

Um colega — que é um consultor bem conhecido no campo das mudanças de cultura — me contou sobre a época em que visitou a matriz de uma grande organização varejista no Reino Unido para uma reunião introdutória. Os executivos de RH da empresa passaram muito tempo enfatizando a importância de conquistar essa mudança para o futuro da empresa. Quando meu amigo começou a detalhar o que seria necessário para a execução, eles se assustaram e disseram-lhe: *"Você não entende, nós não podemos nos dar ao luxo de deixar as pessoas infelizes. Nós precisamos de algo superficial!"*. Quando ele sugeriu que esses dois objetivos eram incompatíveis, eles lhe disseram que procurariam um consultor mais hábil e compreensivo. Homem sábio que é, meu colega retirou-se, sem objeção, e nunca contatou a empresa novamente. O que esses executivos não sabiam — e meu colega e Gerstner sabiam — é que *"algo superficial"* raramente muda a cultura. É trabalho árduo e este livro, portanto, não está preocupado com esse tipo de mudança. Para uma introdução ao assunto, o livro de Lou Gerstner é muito agradável e *Empresas feitas para vencer*, de Jim Collins, é uma abordagem diferente e mais analítica do assunto.

O segundo tipo de mudança cultural surge através da adoção de comportamentos que são necessários para que mudanças específicas tenham sucesso. Um exemplo básico é: quando você implementa uma nova tecnologia, algumas vezes precisa de pessoas para mudar certos comportamentos, tais como ser mais exato, mais adequado e permitir que o sistema diga quando certos clientes devem ser contatados. Essa abordagem comportamental é o foco deste capítulo. Vejo pouca evidência de que esse tipo de mudança está longe de ser tão difícil de ser executado quanto as mudanças organizacionais de cultura como aquela com que Gerstner teve de lidar.

Portanto, a resposta ao dilema é simples. Não ignore a cultura, apenas foque o comportamento em modificação para que as mudanças sejam implementadas com sucesso, a cultura seja neutralizada e se transforme naturalmente ao longo do tempo.

Definindo a cultura

Existem muitas definições de cultura organizacional. A que achamos mais útil é a de que cultura é *"a soma do comportamento, modo de trabalho, ideias, crenças e valores de um grupo"*.

Outras explicações falam sobre *"a forma como trabalhamos por aqui"* ou *"a soma total de valores, costumes, tradições e significados que tornam única uma empresa"*. Não estou certo de que uma definição exata seja extremamente importante, contanto que estejamos falando sobre a mesma coisa e que entendamos os elementos frequentemente intangíveis que vêm juntos para criar uma cultura.

Uma organização cresce ao longo do tempo e finalmente atinge a maturidade. Isso foi descrito por Andy Grove em seu excelente livro *Só os paranoicos sobrevivem*. Ele chamou a fase da maturidade de *"colheita"*.

Basicamente, quando uma empresa chega à *"fase da colheita"*, ela já estabeleceu regras e normas bem definidas que foram desenvolvidas para se governar a forma como a empresa opera. Isso geralmente funciona bem até as condições de mercado mudarem e aquelas regras e normas bem definidas começarem a causar problemas operacionais e estratégicos; nós vimos isso com a Hewlett Packard nos anos 1990 e com a GM nos anos 2000. Esse é um momento em que geralmente continuamos a usar formas existentes para tentar resolver novos problemas, levando à frustração e ao declínio — conforme mostrado na Figura 3.1. Grove descreve o ponto quando se tem a possibilidade de adotar novas formas de trabalho como *"ponto de inflexão"*.

Para poder alterar sua cultura, primeiro você tem de compreendê-la, e esse é o desafio. Se você esteve na empresa enquanto ela cresceu e se desenvolveu, é geralmente difícil, talvez quase impossível, para você compreender sua própria cultura organizacional. Você é parte integrante dessa cultura e, como tal, automaticamente acha naturais muitas das regras e processos que regem a maneira como você opera.

O que os três macacos nos contaram sobre cultura

Há uma história supostamente verdadeira sobre os resultados de uma pesquisa a respeito do comportamento animal que acho que ilustra perfeitamente o desafio primário que encaramos com as mudanças culturais.

Existem três macacos em um cercado, e acima do terceiro macaco há um mastro com um cacho de bananas. O terceiro macaco naturalmente tenta alcançar as bananas, e assim que ele pega uma, os outros dois são molhados por mangueiras d'água poderosas. Isso não machuca os macacos, mas é uma experiência desagradável para eles.

É óbvio que os dois macacos molhados ficaram descontentes com os acontecimentos e olham para o terceiro macaco, que está ativamente mastigando seu alimento favorito. Nenhum dos macacos percebe que há uma conexão entre terem sido molhados e as bananas — ainda. Conforme o macaco número três escala o mastro e alcança outra banana, os outros dois são molhados de novo. No momento em que o terceiro macaco já tinha comido meia dúzia de bananas, os outros dois estão muito irritados. Tanto que no momento em que o terceiro macaco tenta alcançar outra banana, os outros dois o atacam para evitar que coma as bananas. Eles desenvolveram o que Ivan Pavlov chama de resposta condicionada. Lembre-se, Pavlov foi o cientista que condicionou seus cães a salivarem ao som de um sino simplesmente ao alimentá-los e tocar o sino ao mesmo tempo.

O primeiro e o segundo macaco conectaram o *"molhar--se"* com *"bananas"*. Isso é muito óbvio, até que o cientista substitui o terceiro macaco por um novo macaco. Este avista as bananas e enquanto estica o braço, é imediatamente ata-

Figura 3.1: Renovação organizacional

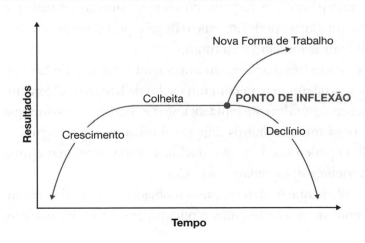

cado pelos dois outros macacos. O novo macaco não entende o porquê, mas rapidamente para de tentar pegar as bananas. Algum tempo passa e os cientistas substituem um dos macacos "*molhados*" por um novo macaco. Este também tenta pegar as bananas e os outros dois o atacam. Então o cientista substitui o terceiro macaco original por um novo. Esse novo macaco tenta pegar as bananas e é imediatamente atacado, e não tem ideia do porquê — mas para de tentar pegar as bananas. Até mesmo quando todos os macacos são substituídos, e, portanto, nenhum deles tendo de fato experimentado o sistema de recompensa e punição, nenhum macaco novo nem mesmo tenta comer as bananas. O sistema de recompensa/punição criou uma forma de operar dentro do cercado que todos os macacos adotaram como a norma cultural e aceitaram-na. Para eles, era "*apenas o que acontece por aqui*", embora não tivessem ideia do porquê. E isso é exatamente o que acontece em uma organização. Permita-me tentar enquadrar isso e então seguir para o que você pode fazer com isso.

A cultura organizacional é composta por três elementos, mostrados na Figura 3.2.

- **Comportamento:** você pode ver, ouvir e tocar no comportamento — ele é tangível e pode ser medido.
- **Regras conhecidas:** elas são geralmente escritas ou ao menos existem na cabeça de alguém e, como tais, são fáceis de serem descobertas. Elas geralmente conduzirão o comportamento, e isso não é necessariamente um problema.
- **Regras ocultas:** essas nunca estão escritas; muito frequentemente, elas são inconscientes. Elas são

compreendidas através da experiência e aceitas sem questionamento pelas pessoas nas organizações. Regras ocultas estão para as pessoas assim como a água está para os peixes. Um peixe não tem ciência da água na qual nada; pessoas que foram doutrinadas por uma cultura organizacional não têm ciência das regras ocultas pelas quais navegam todos os dias. Por outro lado, elas influenciam essas regras ocultas, que gradualmente evoluem com o tempo.

Mais que tudo, a história dos macacos é sobre regras ocultas. A maior parte de nós já se sentiu como um dos macacos em algum momento de nossa vida profissional. Nós passamos a fazer parte de uma organização e não conseguimos descobrir por que algo está acontecendo. Um colega meu, Tony, ingressou em um grande banco do Reino Unido nos anos 1980 em uma posição de executivo. Ele comparecia às reuniões com um caderno para fazer anotações e rascunhar ideias, como muitos de nós faríamos. Ele logo percebeu, entretanto, que era o único a fazer isso. Para piorar, era claro que alguns de seus colegas estavam visivelmente zombando dele, quando ele fazia anotações no caderno. Finalmente, após algumas semanas, Tony perguntou o que estava acontecendo e lhe disseram: *"Nossos executivos são experientes demais para precisarem de anotações"*. Tony tinha inadvertidamente descoberto uma regra oculta sobre a experiência e o *status* no banco. Ele saiu, alguns meses depois, para um emprego no qual se encaixaria melhor na cultura da organização.

Essas regras não estão escritas; você não as lerá nos documentos de políticas e procedimentos da empresa. Elas

Figura 3.2: Componentes da cultura organizacional

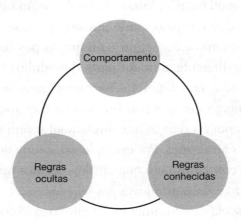

provavelmente nem serão enunciadas a menos que, como Tony, você faça uma pergunta direta. Se você tem curiosidade sobre as regras ocultas em sua organização, experimente entrevistar um novo membro da equipe nas primeiras semanas de trabalho. Se eles forem sinceros sobre sua percepção, você poderá descobrir as *"regras"* de sua organização. Geralmente, quando alguém novo ingressa, ele verá o negócio com novos olhos, e por um breve período você poderá obter algumas ideias sobre as regras ocultas que regem a empresa.

Mudanças culturais têm uma maior capacidade do que outras iniciativas para darem errado devido às regras ocultas. A cultura afeta tudo, desde como as mudanças começam dentro da empresa, até como são geridas e qual é o legado das mudanças. As influências culturais infiltram-se por todos os aspectos de uma organização e ainda assim a cultura é, de muitas formas, intangível.

Existem duas principais escolas de pensamento quando se trata de mudanças culturais. Uma é a visão behaviorista,[13] que afirma que na maior parte das situações, se você mudar o comportamento e conseguir com que as pessoas comecem a fazer algo diferente, a maior parte dos adultos tende a continuar fazendo. Isso funciona na maior parte do tempo. O único momento em que não funcionará é quando você está tentando impor mudanças que diretamente conflitam com alguns valores arraigados. Por exemplo, você teria de se esforçar muito para conseguir com que cristãos devotos trabalhem aos domingos ou judeus ortodoxos aos sábados.

Outra escola de pensamento diz que você só consegue mudar a cultura ao mudar as *"regras ocultas"*, já que elas são tão poderosas. Isso é provavelmente verdadeiro quando você pede às pessoas nas organizações para fazerem grandes e profundas mudanças na forma como elas valorizam as coisas ou como se sentem sobre elas. O problema é que isso pode levar anos para se conquistar — e, mais importante, as taxas de sucesso podem ser muito baixas quando se usa essa abordagem.

Nosso maior foco na Changefirst é, portanto, fornecer aos agentes de mudanças ferramentas e processos para ajudá-los a mudar o comportamento das pessoas para que ele seja coerente com as exigências das mudanças. Isso de acordo com o segundo e muito mais bem-sucedido tipo de mudança de comportamento que discutimos anteriormente.

Foco no comportamento

A partir de uma perspectiva prática, a maioria dos profissionais

---

13 Também chamada de comportamentalista. (N.T.)

interessados em mudanças terminará como *"behaviorista"*, embora compreendam a fragilidade no argumento. Essa fragilidade é significativa, já que sabemos que existirão alguns comportamentos tão profundamente influenciados por regras ocultas e normas culturais que, a menos que façamos algo sobre as regras ocultas, a mudança não vai "pegar". Mas, na ausência de uma alternativa realmente viável, ajudar as pessoas a mudarem seu comportamento é a melhor e talvez a única abordagem sensata, por inúmeras razões.

É geralmente um melhor uso de seu tempo, para começar. Focar o comportamento permite que você estenda o projeto em termos do que precisa ser mudado e que você se concentre em descobrir quais mudanças comportamentais irão consolidar a mudança. Portanto, mudar o comportamento das pessoas é uma forma eficaz de mudar a cultura organizacional. Dar suporte às pessoas para que aprendam novos comportamentos e desaprendam os antigos pode ser extremamente eficaz. E dos três componentes culturais o comportamento é o mais facilmente identificado, medido e gerido. A capacidade de medir é uma parte essencial da mudança cultural de sucesso e o comportamento é realmente a única parte da cultura que você pode medir com acuracidade.

As pessoas principalmente aprendem e mudam através de feitos. Elas precisam primeiro discutir as mudanças, mas líderes de mudança deveriam incentivar as pessoas a testar as coisas, aprender novas habilidades e usar os novos comportamentos em seu trabalho diário. Isso é o que deixa a mudança latente na organização. Adultos parecem gostar de fazer algo e aprender a partir do feito, em vez de passar um longo tempo discutindo e analisando.

Embora o foco seja no comportamento, é importante tentar entender quais são as atuais regras ocultas. Existem duas perguntas-chave aqui. A primeira é se as regras ocultas irão impedir ou estagnar os novos comportamentos de serem adotados — as mudanças que você precisa fazer são muito profundas ou significativamente impactadas pelas regras ocultas de sua organização? A segunda é sobre a força que as ações de implementação de mudanças precisarão ter. Por exemplo, existe uma forte relação entre o quão profundamente a cultura atual está arraigada e a necessidade de envolvimento positivo e ativo pelos agentes de mudanças? Em outras palavras, quanto mais profunda e fortificada for a cultura, mais forte deve ser a ação de liderança.

Como um agente de mudanças, se sua mudança depende de uma mudança na cultura profunda e bem estabelecida de uma forma fundamental, então pense em como você poderia *"mudar a mudança"*. Se puder, faça com que a estratégia ou a solução se encaixe na cultura existente em vez de tentar mudar a cultura para se encaixar na estratégia ou na solução. Essa abordagem ainda pode alcançar seus objetivos e irá aumentar exponencialmente as possibilidades de sucesso.

Seis ações para mudar o comportamento

Nós coletamos um conjunto de diretrizes a partir de pesquisas para ajudar as pessoas a mudarem os elementos comportamentais de projetos e iniciativas:

1. Mantenha os componentes da mudança de comportamento os mais maleáveis possíveis. Táticas para alcançar isso incluem executar em fases os esforços de mudança

na empresa ou nas unidades de negócio em vez de uma abordagem geral do tipo *"big bang"*; cascatear a mudança através da hierarquia de gestão um passo de cada vez; criar porções de mudanças mais fáceis para que as pessoas as digiram e as implementem; e restringir as mudanças a unidades menores primeiro, para que você possa enxergar os efeitos na prática, o que lhe permite fazer ajustes antes de estendê-las ao impacto máximo.
2. Certifique-se de que os executivos assumam um papel ativo e liderem como exemplo.
3. Estimule os gestores e a linha de frente a se apropriarem das mudanças o mais rápido possível.
4. Dê atenção às necessidades pessoais. Se você quer uma mudança comportamental, então precisa ajudar as pessoas a se adaptarem.
5. Foque o futuro. É importante compreender e reconhecer onde as pessoas estão agora, mas passe a maior parte do seu tempo ajudando-as a mudar para a nova forma de trabalho.
6. Certifique-se de que a mudança é conduzida por uma importante iniciativa de mudança — por exemplo, melhorar a performance de vendas. Apenas comece iniciativas de mudança que sejam vitais.

A cultura organizacional é um tópico enorme e o assunto de milhares de livros. O que realmente importa, entretanto, é que você tenha uma consideração pelos desafios inerentes às iniciativas de mudanças que se chocam contra a cultura corporativa e por como gerir essas situações eficientemente. Não se preocupe demais com as regras ocultas que cozinham sob a superfície; apenas foque o comportamento que você precisa que as pessoas na organização exibam. No próximo capítulo, exploraremos exatamente como fazer isso, enquanto repassamos os seis fatores críticos de sucesso que precisam ser cuidados para que o comportamento pessoal seja mudado eficiente e sustentavelmente.

4

Seis fatores críticos de sucesso para implementar a mudança

Há mais de 15 anos, estamos ajudando pessoas como você a implementarem mudanças que *"peguem"*, usando uma abordagem focada em pessoas. Nós a chamamos de Implementação Centrada em Pessoas (do inglês, PCI). Como o nome sugere, o PCI gira em torno das pessoas envolvidas em mudanças e daquelas que ensinam outras pessoas em posições-chave a como desenvolverem capacidades de mudanças agora e no futuro. Ao transferirmos as técnicas e habilidades do PCI a mais de 12 mil pessoas em 35 países, de forma bem-sucedida nós formamos agentes de mudanças com habilidades vitais de mudança. Isso, por sua vez, permitiu-lhes ensinar essas mesmas habilidades e a disseminar as competências da gestão de mudanças a outras pessoas em suas organizações.

O PCI lhe permite construir comprometimento em seu pessoal e lidar com a inevitável resistência que as mudanças trazem. Mudanças de sucesso não são caracterizadas pela ausência de resistência; a resistência é inevitável em grandes mudanças. É um desafio, mas com as ferramentas corretas é um fenômeno natural pelo qual se percorre, em vez de um obstáculo que interrompe o progresso. Este livro lhe ensinará a mudar o comportamento e criar apropriação em sua organização de forma que mudanças de sucesso se tornem a regra, não a exceção.

Para ser um agente de mudanças bem-sucedido, você precisa de um abrangente conjunto de habilidades, processos e ferramentas à disposição. Geralmente, o problema é que os agentes de mudanças podem encontrar um processo ou ferramenta que funcione e então usá-lo repetidamente. Isso pode funcionar por um tempo, mas é geralmente inadequado para realizar o trabalho. É como ser um mecânico que apenas possui uma chave de fenda — você pode trabalhar em algumas partes do motor, mas não vai conseguir retirar todos os parafusos. Da mesma forma, agentes de mudança que confiam demais em um conjunto limitado de ferramentas, processos e habilidades só podem trabalhar eficazmente em alguns pontos da mudança. Por exemplo, você pode acreditar que a chave para mudanças de sucesso está em ser capaz de identificar e trabalhar efetivamente com pessoas influentes na organização. Certamente, isso pode ser muito importante, mas apenas a influência nunca compensará totalmente um plano de engajamento fraco. Isolar algumas ferramentas e processos irá apenas distanciá-lo. O que você precisa é de uma abordagem abrangente que funcione o tempo todo, independentemente do tamanho, da amplitude ou da profundidade da mudança.

Mudanças organizacionais e locais

A gestão de mudanças é geralmente definida como um conjunto de estruturas, processos, ferramentas e habilidades que planejam e executam mudanças dentro de um período de tempo específico, e um conjunto de técnicas que ajuda indivíduos e equipes a se adaptarem a elas. É a combinação desses dois componentes que faz uma mudança ser bem-sucedida.

A implementação de mudanças de sucesso tem a ver com criar sinergia e conectividade entre o processo de transição organizacional e o processo pessoal de mudança de um indivíduo. Em outras palavras, você precisa casar o que a empresa precisa com o que as pessoas podem potencialmente realizar. As mudanças podem ter suas estratégias elaboradas na sala de reuniões do time executivo — mas a menos que alguém ou uma equipe de pessoas leve essa estratégia de mudança à organização e às suas divisões, não fará diferença para as pessoas em uma fábrica, no campo ou em uma filial em algum lugar. E se não faz diferença para elas, não faz diferença para a organização ou para seu balancete.

Para certificar-se de que a mudança está implementada e não apenas definida, ela precisa ocorrer no nível organizacional, bem como no nível local. Por isso você precisa que os colaboradores de linha de frente e gestores conduzam a mudança na operação local. Se isso não for feito, ela não ocorrerá. Líderes de equipes em locações distantes podem dizer aos colaboradores para mudarem, mas a menos que existam pessoas, na prática, construindo o comprometimento e conduzindo a mudança, os indivíduos envolvidos com ela simplesmente direcionarão sua considerável criatividade para formas de ignorá-la ou contrariá-la.

Os fatores de sucesso organizacional são geralmente um conjunto de medidas tomadas em níveis global, de programa ou de projeto de uma iniciativa de mudança. E ainda assim é o trabalho estruturado feito por agentes de mudanças seniores que cria a aceitação da mudança. Se isso for bem feito, em nossa experiência, é trabalho do agente de mudança, por exemplo, construir um plano de comunicação ou criar um documento abrangente que efetivamente traduza os fatores de sucesso organizacional em mudanças de comportamento locais.

Os fatores de sucesso local são um conjunto de ações que dão ao projeto tração real. É onde a gestão de mudanças é elaborada e adaptada a grupos locais e envolve pessoas que tenham de fato de mudar seu comportamento. O grupo local pode estar no campo, em uma fábrica ou em um *call center* — como na Figura 4.1. Por sua natureza, é menos estruturado e mais pessoal.

Por exemplo, pode envolver gestores de linha de frente treinarem pessoas para as mudanças ou modelarem as mudanças ao comportamento necessário. Nossa experiência mostra que esse trabalho, quando bem feito, move as pessoas com resistência em potencial à mudança até a aceitação, e finalmente ao comprometimento. Em muitos casos parece que o comprometimento só é possível se a mudança é personalizada.

A sinergia ou o equilíbrio entre o organizacional e o local é importante. Se o esforço de mudança organizacional excede

Figura 4.1: Componentes das mudanças organizacionais

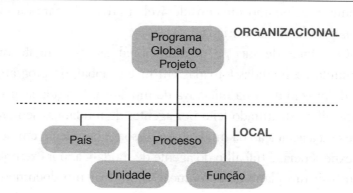

o esforço da mudança local, então você pode simplesmente criar aderência. Se houver esforço e pressão consideráveis sendo exercidos a partir do topo, aqueles realizando o trabalho e envolvidos na mudança podem não ser capazes de ignorá-la para sempre, mas muito provavelmente se ressentirão por não terem sido consultados — e o melhor que você pode esperar é uma aderência. A aderência nunca é tão forte quanto a implementação com comprometimento.

Se, por outro lado, a ênfase é invertida, e o esforço de mudança local excede o esforço de mudança organizacional, você pode ter uma iniciativa de mudança implementada inconsistentemente. Apenas quando as mudanças são conduzidas a partir de um nível organizacional com total comprometimento você tem um nível de orientação estratégica e tática sobre como a mudança irá operar na prática. Se esse detalhe não existir no início, então os indivíduos preencherão as lacunas por conta própria, e é, portanto, altamente provável que cada operação local criará uma interpretação levemente diferente da mudança. O resultado é que você terá iniciativas levemente diferentes em cada operação local e a mudança, portanto, não será consistente ao longo da operação como um todo.

Uma organização global de tecnologia com a qual trabalhamos teve esse problema. Eles precisavam implementar um novo sistema CRM. A lógica dos acionistas era impecável. Eles sofriam com todos os tipos de questões de gestão de contas trazidas pelo fato de que muitos de seus clientes eram globais. Fazer com que o pessoal do Canadá compreendesse o que ocorria com os clientes na Europa era vital. Oportunidades de faturamento consideráveis estavam sendo perdidas. Claramente, isso era um desafio. Eles tinham um forte imperativo organizacional para consertar o desafio, então lançaram o novo sistema com um alvoroço de comunicados executivos, sessões de comunicação em rede, treinamento técnico etc. O problema era que localmente o pessoal de vendas tinha uma perspectiva muito diferente. O que a empresa via como um imperativo-chave, eles viam como um aumento da burocracia e de tempo longe dos clientes. A organização teve de reiniciar a iniciativa e passar um bom tempo trabalhando cara a cara com as equipes de vendas para revitalizar as mudanças. Não houve nenhuma consideração pelas implicações locais das mudanças, e consequentemente a empresa perdeu 18 meses e milhões de dólares. Subsequentemente, um foco real nas questões locais transformou as mudanças e finalmente o sistema começou a funcionar como pretendido.

Mudanças organizacionais e locais precisam estar entrosadas. Vamos agora olhar para os seis fatores críticos de sucesso para nos certificarmos de que eles se entrosam. Três são fatores de sucesso organizacionais e três são fatores de sucesso locais, e juntos facilitam a realização de mudanças efetivas.

Os fatores críticos de sucesso

Aqui está uma visão geral dos seis fatores críticos de sucesso (FCS). O restante do livro tratará deles com mais detalhes e mostrará como executá-los. É importante lembrar que cada um desses fatores descreve um resultado desejado. Então, por exemplo, FCS 1: Propósito compartilhado da mudança é o que deverá estar acontecendo na organização se você tiver sucesso. Todos saberão sobre o propósito da mudança porque você a terá compartilhado com sucesso.

FCS 1: Propósito compartilhado da mudança

Você deseja criar e compartilhar um poderoso caso de mudança na organização. Sua esperança é que isso alcance mais do que conhecimento e que crie alguma energia e rumores, mas, no mínimo, você deve obter clareza — certamente das pessoas que precisarão se adaptar às mudanças. Você quer que as pessoas compreendam por que elas são necessárias.

Figura 4.2: A "roda" Changefirst: seis fatores críticos de sucesso

FCS 2: Liderança eficaz da mudança

Você quer que os líderes da mudança forneçam direção, orientação e suporte à mudança. Eles precisam fornecê-los a quem está se adaptando e implementando a mudança. Bem feito, permite às pessoas enxergarem os líderes, demonstrando seu comprometimento com a mudança por meio de ações e palavras.

FCS 3: Processos de engajamento

Você precisa de fortes processos de engajamento, que ativamente gerem o envolvimento da organização no processo de mudança. Esses processos de engajamento são projetados para promover o comprometimento, estimular novos comportamentos e ensinar novas habilidades. Bem feitos, eles oferecem uma estrutura que constrói o comprometimento e ajuda as pessoas a se encarregarem das atitudes que precisam tomar para fazerem mudanças de sucesso.

FCS 4: Compromisso dos *sponsors*[14] locais

Você precisa capacitar os gestores para assumirem responsabilidades pelas mudanças em suas áreas de autoridade. Primeiramente, eles próprios precisam se comprometer com elas e demonstrar esse compromisso. Então eles precisam conduzir essa mudança. Bem feito, isso irá conectar a necessidade de mudanças organizacionais à realidade do que isso significa para as pessoas que precisam mudar.

FCS 5: Forte relação pessoal

Você precisa ajudar as pessoas a desenvolverem uma forte relação pessoal, já que isso gera comprometimento com as mudanças. Isso pode ser feito, por exemplo, ao ajudar as pessoas a enxergarem como elas podem ter mais sucesso ao trabalharem de novas maneiras. Bem feito, isso ajuda as pessoas a se comprometerem com as mudanças mais cedo e a adaptarem seu comportamento mais rapidamente.

---

[14] Patrocinadores. Pessoas ou grupos responsáveis por legitimar as mudanças dentro de sua área de controle. (N.T.)

FCS 6: Desempenho pessoal sustentado

Esse é o ponto para o qual se voltam efetivamente as preocupações e reações das pessoas aos desafios das mudanças. Você precisa se certificar de que os envolvidos nas mudanças estão sendo auxiliados e amparados ao longo do processo de transição e de que seu comportamento está sendo adaptado. Bem feito, isso assegura que as pessoas passem pelo estágio de transição rapidamente a ponto de seu desempenho não ser adversamente afetado e/ou mantido durante o processo de mudanças.

Embora este seja um modelo de seis estágios, não é necessariamente sequencial. Ele não precisa ser implementado "*do primeiro ao sexto*", embora essa seja a forma mais comum de descrever os estágios. Por exemplo, como um agente de mudanças, você pode decidir que você precisa de mais líderes ou estabelecer se existe algum suporte sênior para a mudança (FCS 2) antes de criar um propósito compartilhado de mudança (FCS 1). Por exemplo, quando eu era um agente de mudança corporativo, eu testava o apoio inicial para uma mudança localizando informalmente gestores influentes na organização e aferindo seu apoio à iniciativa proposta. Se o apoio fosse baixo, eu considerava desacelerar o processo de mudanças até que esse apoio pudesse ser reunido ou então encontrava caminhos para conseguir pessoas-chave para me ajudarem a desenhar uma solução diferente. Em situações como essas, não há sentido em se criar uma visão compartilhada se não houver apoio para isso. Seria uma perda de tempo e de recursos. Conforme vai ficando mais familiarizado com o modelo, você será capaz de decidir o ponto de partida mais apropriado para a mudança.

PARTE DOIS

Fatores de sucesso organizacionais — construindo planos de mudança de sucesso

PARTE DOIS

Fatores de sucesso
organizacionais —
construindo planos de
mudança de sucesso

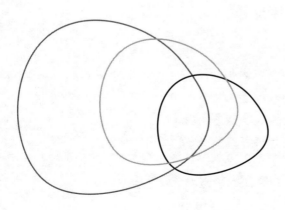

5

Propósito compartilhado da mudança — comprovando a mudança

Em 1969, um dos projetos mais complexos de mudanças já experimentados foi concluído com sucesso com as palavras *"Houston, tranquilidade por aqui. A nave Eagle pousou"*. Mais tarde, enquanto colocava seu pé esquerdo na superfície da Lua, Neil Armstrong declarou: *"Um pequeno passo para um homem, um salto gigante para a humanidade"*.

Era, claro, o primeiro pouso na Lua. O projeto havia começado no meio dos anos 1950 e terminado com sucesso em 1969. Em 1962, John F. Kennedy, durante um discurso em Houston, Texas, anunciou que *"a América colocaria um homem na Lua até o final da década"*. Essa foi uma visão poderosa e forte para um projeto de mudança. Um dos maiores fatores de contribuição para esse projeto arrojado foi o lançamento da Sputnik 1 pelos russos em 1957, seguida pelo novo foguete R-7 Semyorka com uma capacidade balística de carregamento de míssil. Esses eventos foram um choque para os americanos e para a NASA, em especial. Se os soviéticos foram desconsiderados, seu domínio precoce do espaço teve implicações potencialmente significantes — dando a eles a possibilidade de algumas medidas de supremacia política e militar sobre os EUA.

Kennedy pediu ao vice-presidente Lyndon Johnson para fazer recomendações a uma diligência científica que provaria a

Figura 5.1: A "roda" Changefirst: FCS 1 — Propósito compartilhado da mudança

liderança mundial dos EUA. Isso levou a uma série de decisões políticas que culminaram no bem-sucedido programa Apollo.

Essa história demonstra como uma visão poderosa — *"colocar um homem na Lua até o final da década"* — juntamente à criação de um real descontentamento com o *status quo*, ao lidar com o receio do domínio soviético, foram combinadas para construir uma urgência e o impulso de mudança. É isso que chamamos de propósito compartilhado da mudança.

Existem três componentes de um propósito compartilhado da mudança:

• **Imperativo:** as pessoas estão descontentes com suas formas de trabalho e compreendem o custo se não mudarem.

- **Visão:** as pessoas têm uma imagem positiva e clara dos resultados da mudança.
- **Solução:** existe um conjunto de marcos importantes para mostrar às pessoas como o progresso será executado.

Vamos analisá-los mais detalhadamente.

Imperativo

Edgard Willie, do Grupo de Pesquisa de Ashridge, investigou 178 organizações de todo o mundo para identificar exatamente quais seriam os fatores que engatilham as mudanças. Ele descobriu que:

- 24% das mudanças foram provocadas em decorrência de perda financeira ou queda nos lucros;
- 23% das mudanças foram provocadas em decorrência do aumento da concorrência ou perda de participação no mercado;
- 23% das mudanças foram provocadas por uma ação preventiva das lideranças, que previa o surgimento de problemas, caso não houvesse mudanças;
- 16% das mudanças foram provocadas em decorrência da existência de um novo CEO;
- 8% das mudanças foram provocadas em decorrência de tecnologia;
- 6% das mudanças foram provocadas em decorrência de recessão.

Com a possível exclusão do impacto de um novo CEO, todos os outros gatilhos se originam da percepção de que o *status quo* não mais está suficientemente bom. Isso pode ser devido a problemas não resolvidos ou a oportunidades potencialmente desperdiçadas.

Se voltarmos ao indivíduo por um momento, sabemos que existe um forte desejo de manter o *status quo*. No capítulo 2, falamos sobre o poder de *"controle"* e como ele é tão importante para as pessoas terem um sentido de controle. A realidade é que é o *status quo* que nos dá esse sentido de controle e conforto. Como consequência, focar unicamente uma visão atrativa nos deixa despreparados para inevitáveis retrocessos e obstáculos que encontramos durante o processo de mudança. Se uma iniciativa de mudança precisa ter sucesso, a visão não é suficiente: você também precisa ajudar as pessoas a enxergarem que o *status quo* não mais é viável para elas ou para a organização. O desejo de não ficarmos onde estamos pode ser um motivador de mudanças mais poderoso do que a imagem de um futuro atraente. Eu me lembro de ler a autobiografia de Eric Clapton, em que ele contava sobre sua batalha para superar o vício em drogas e álcool. Ele escreveu sobre sua visão de estar sóbrio, abstinente de drogas e tendo tempo para seus filhos. Ele imaginava essa cena e, certamente, podia mudar por um momento — mas sempre tinha recaídas. Ele só começou a mudar realmente ao ter uma *"epifania"* de que não queria ser mais como era. O *status quo* não era mais uma opção. Clapton mudou de estar temporariamente inspirado por uma visão de futuro para estar totalmente engajado em mudar.

Um potente propósito compartilhado de mudança deixará as pessoas insatisfeitas com suas atuais formas de trabalho e permitirá a elas compreender os custos associados a não mudar. Em nossa experiência, o imperativo é muito frequentemente deixado de fora de mudanças de sucesso. As pessoas não sabem por que as mudanças estão ocorrendo, elas não sabem por que é importante para elas, individualmente, aderirem. Isso se deve, ao menos em parte, ao fato de os gestores considerarem difícil atingir o imperativo. Ele pode parecer negativo e criar insegurança, enquanto todos os seus treinamentos dizem para ser positivo, focar a visão e parecer otimista. Explicar o imperativo de mudança, portanto, insulta o pensamento padrão dos gestores. Ainda assim, se as pessoas não conhecem as razões para a mudança, elas acham difícil se engajar, e assim que os novos desafios surgem no período de transição, as pessoas atingidas simplesmente recuam para a forma como o trabalho era feito antes.

Vá com calma com o imperativo!
A execução de imperativos que funcionem é uma tarefa virtualmente difícil, e você passa por três armadilhas em potencial.

A primeira é que o imperativo se mistura com o medo, com a incerteza e com a dúvida (FUD em inglês: *fear, uncertainty and doubt*), que por sua vez criam a imobilização. Você quer que as pessoas sintam que não podem ficar onde estão. Você quer que elas acreditem que o estado atual é um lugar desagradável e insustentável, mas não quer amedrontá-las. Você pode já ter experimentado uma forte sensação de querer ir em frente com sua vida pessoal. Talvez você já tenha se sentido assim em um relacionamento, ou até mesmo em uma casa ou apartamento em que você morava. Saber quando é o momento de agir é um grande primeiro passo e um poderoso motivador para criar uma mudança real. O problema é que quando esse *"imperativo"* vira medo, ele cria pânico, e o pânico é inútil. Digamos que você decida mudar de casa. Mesmo que consiga visualizar seu novo lar e esteja muito animado com a mudança, você seria devastado pelo imperativo de mudar se o proprietário lhe dissesse que você tem de sair em uma semana porque o prédio seria demolido para novos projetos. Sua função como líder de mudança é retirar as pessoas de suas zonas de conforto, mas não para longe demais. Se as pessoas ficarem com medo de mudanças e com receio do *status quo*, elas ficam imobilizadas e incapazes de agir. Eu já vi diversas situações em que as pessoas nas empresas se sentem tão ameaçadas pelas mudanças e pelo imperativo de mudar que elas não conseguem produzir, e todo o tempo de trabalho é consumido por reuniões informais à máquina de café.

Segundo, você não pode transformar cada mudança no *"fim do mundo"*; isso simplesmente faz o poder da mensagem se perder. Eu estava conversando com um gestor outro dia. Ele disse que na mudança em que estava trabalhando naquele momento era a quarta vez que seu líder lhe havia dito que ele seria *"terceirizado se ele não executasse a mudança"*. Depois da quarta vez, ele nem acreditava e nem se importava com o que seu líder dizia: um claro caso de alarmes falsos.

Finalmente, evite criticar o passado ou qualquer indivíduo. Fazer isso só causará resistência. Todos provavelmente já vimos o gestor *"macho"* chegar e anunciar que irá resolver tudo que tinha dado errado antes de sua chegada. Eles se colocam como salvadores, para no fim serem vistos apenas como destruidores desprezíveis. Eu estive em uma organização recentemente onde um diretor de cúpula tinha chegado há alguns anos, dito às pessoas que elas tinham falhado e que ele estava lá para consertar todos os seus erros através de seu programa de mudança. Dois anos depois, eu ainda conseguia sentir de forma concreta o desgosto, a desconfiança e a raiva contra esse homem. Ele era um criador ambulante de resistência. As únicas pessoas que foram à sua confraternização de despedida estavam lá para se certificarem de que ele estava mesmo indo embora!

Visão

Uma vez que você já compartilhou o imperativo de mudança, uma visão positiva, clara e atrativa para o estado futuro da iniciativa de mudança precisa ser posta. Isso foi bem ilustrado pela visão da exploração lunar que Kennedy relatou em 1962. Quando você ouve seu discurso, não há absolutamente dúvida nenhuma sobre o que aconteceria se houvesse sucesso. O discurso era ambicioso, explícito, conciso e claro. Mais do que tudo, Kennedy criou uma imagem que você poderia ver e imaginar. Não poderia haver nenhum debate sobre quando o objetivo seria alcançado; era evidente. Com o pouso na Lua, as pessoas souberam que ele tinha sido alcançado (bem, com exceção de uma pequena minoria, que pensava ser uma produção de Hollywood). Semelhantemente, funcionou como um motivador para as pessoas, uma forma para dar sentido a seus trabalhos. Você já deve ter ouvido falar sobre o faxineiro na NASA. Perguntaram-lhe o que fazia na organização, e ele disse: *"Estou ajudando a mandar um homem à Lua"*. Você quer algo assim em seus projetos de mudança. Quer que as pessoas sejam motivadas e dirigidas pela visão de mudança.

A promessa de Kennedy à nação foi curta e direta — ambas qualidades invejáveis. O mesmo se aplica a qualquer projeto de mudança: as pessoas precisam saber para onde você quer que elas vão e por quê. Eu me lembro da visão de um cliente, há alguns anos. Ele tinha o foco em uma iniciativa de mudança de saúde e segurança em uma indústria e negócio que tinha visto aumentar suas taxas de mortalidade. Sua visão era *"Ninguém morre enquanto eu for o CEO"*. Era claro e direto; todos entenderam o que era solicitado.

Para que sua visão seja considerada forte, sua comunicação às pessoas precisa ser clara sobre os resultados a serem alcançados quando as mudanças forem executadas, sobre a imagem do sucesso quando as mudanças forem implementadas e mostrar como os comportamentos de trabalho precisarão ser mudados.

A visão de Kennedy foi muito atrativa e animadora. E sempre que puder, você deve, é claro, mirar nisso. Você quer pessoas animadas sobre seu programa de mudança. Mas isso nem sempre é possível. Portanto, pense na base como sendo a *"clareza"*. Na verdade, é melhor que as pessoas sejam muito claras sobre uma mudança do que estarem animadas com uma definição de mudança obscura, de certa forma nebulosa.

Equilibrando o imperativo e a visão

Nós discutimos sobre como você precisa de um equilíbrio entre o imperativo e a visão. Se há imperativo demais, você amedronta as pessoas sem que elas saibam o que fazer a respeito. Isso faz com que elas se apoiem em antigos hábitos em vez de se envolverem com novos. Se houver visão demais, as pessoas podem se tornar otimistas em excesso e ignorar os custos reais da mudança, parecendo ser menos capazes de lidar com retrocessos. Ser excessivamente otimista pode ser prejudicial em situações de mudanças. Ser otimista demais pode na verdade fazer com que você julgue mal o que é necessário para se ter sucesso e pode fazer com que você fique menos flexível, conforme tenta lidar com as barreiras inevitáveis entre "*é por isso que não podemos ficar onde estamos*" e "*é para lá que estamos indo*". De alguma forma, os gestores precisam ser capazes de discorrer simultaneamente sobre esses dois pensamentos. Nós queremos que as pessoas sejam realistas a respeito do estado atual e ainda desejem testar novas coisas.

Solução

O propósito compartilhado de mudança também deveria incluir a forma como a mudança será alcançada. Nós chamamos isso de "*solução*". As pessoas querem saber como farão para chegar à visão. Existe um mapa para dar a elas? Sem fornecer essa solução, você pode criar mais ansiedade e preocupação.

Entretanto, nem sempre há uma solução nesse estágio inicial. Geralmente, a mudança se torna necessária sem que a solução se apresente prontamente. Ser franco e honesto sobre isso em sua comunicação organizacional pode ser benéfico. Se você não sabe qual é a solução, então diga às pessoas como a solução será projetada e construída. Assegure a elas que o processo de mudanças que você está usando facilitará o projeto da solução. Pense cuidadosamente como quer envolvê-las ao fazer isso. Mesmo se não houver uma solução imediata para compartilhar, as pessoas simplesmente devem saber que existe um processo que dará a elas os passos para construírem a solução com confiança – isso geralmente é o suficiente para manter a incerteza e a ansiedade afastadas. A energia e a urgência necessárias para a mudança estão presentes se as pessoas conseguem enxergá-la como possível e compreendem seu papel.

Como parte do estágio de construção da solução, lembre-se de prestar atenção especial ao comportamento. Identifique quais comportamentos você precisa reconhecer com mais frequência no futuro para que a mudança seja duradoura e bem-sucedida, e quais comportamentos você quer com menos frequência.

Envolva as pessoas na criação da solução — quando a conversa começa, o processo de mudança se inicia
Você já deve ter percebido uma hipótese fundamental neste livro — de que a mudança a ser implementada lhe foi dada por executivos seniores. O "*o quê*" é decidido e você precisa implementá-lo. Isso porque, em nossa experiência, é o que acontece na maioria das grandes organizações e estamos tentando lhe fornecer as ferramentas e processos para lhe ajudarem com o que precisa fazer. Essa abordagem foi confirmada por uma recente pesquisa do HBR Advisory Council[15] de 2010, que mostrou que 59% dos entrevistados concordaram, ao menos em parte, com a afirmação: "*Existe uma linha imaginária no quadro organizacional de minha empresa. A estratégia é criada pelas pessoas acima da linha, enquanto ela é executada pelas pessoas abaixo da linha*". Isso confirma nossa percepção sobre o que constitui a realidade para a maioria das pessoas.

Os dados da pesquisa então afirmam que quando as pessoas se envolvem no desenvolvimento das estratégias, provavelmente estarão mais comprometidas com elas, por isso faço

---

15 Conselho Consultivo da revista *Harvard Business Review*. (N.T.)

esse pequeno desvio. Uma das formas mais poderosas para se criar comprometimento com as mudanças é envolver as pessoas na criação. Esse envolvimento pode ser feito em um nível local por técnicas como *"Work-Out"* ou *"Investigação Apreciativa"*, ou no nível organizacional por técnicas de planejamento organizacional de larga escala. Nós não estamos especialmente preocupados com o primeiro nível nesse estágio, mas vamos fazer uma pausa por um momento no tipo organizacional de intervenções.

Além disso, como sugere o título desta seção, no momento em que as pessoas ficam sabendo sobre uma futura mudança, elas começam a conversar sobre ela, reagir a ela e a formar seus pontos de vista e ideias. Existe uma grande vantagem se você puder convocar essas pessoas para ajudá-lo a construir a solução. Você pode criar um comprometimento para as mudanças, em vez de resistência.

Nós já vimos intervenções de larga escala funcionarem em mudanças como redução de custos, planejamento de fusões e melhora de desempenho organizacional. Elas podem ser muito eficazes quando você precisar das ideias e do estímulo das pessoas, e quando o comprometimento for essencial para o sucesso. Elas também podem criar soluções que sejam mais fáceis e melhores de implementar porque as pessoas que de fato produzem também tiveram estímulos.

Mudanças em larga escala bem-sucedidas são geralmente caracterizadas por envolverem no processo a maior parte das pessoas da organização, criando grande velocidade ao fazerem todos participarem ao mesmo tempo e permitindo o propósito compartilhado de mudança se desenvolver através do livre compartilhamento e da combinação de ideias. Outras características incluem a criação de um conjunto de soluções com propriedade participativa e participantes que enxergam seu objetivo como sendo o de resolver problemas reais de negócios ou aproveitar as oportunidades.

Quando bem executadas, todas essas técnicas podem criar altos níveis de comprometimento com as mudanças. As pessoas geralmente sentem que têm mais domínio sobre as coisas que ajudaram a criar. Ao engajar as pessoas logo no começo do processo, você tem a oportunidade de criar um comprometimento antecipado e reduzir a potencial resistência antes de ela começar.

Mas voltemos ao propósito compartilhado de mudança.

Como criar um propósito compartilhado de mudança

A palavra *"compartilhado"* é um componente muito importante desse fator crítico de sucesso. Ela se refere ao fato de que a visão para o futuro precisa ser compartilhada com as pessoas na organização, e também que é mais poderosa quando criada através do compartilhamento de ideias em vez de instruções delegadas.

Existem duas formas principais para se criar um propósito compartilhado de mudança. Você mesmo pode se decidir sobre o propósito de mudança e comunicar aos demais, ou você pode criar o propósito de mudança enquanto trabalha com um grupo mais amplo de pessoas.

As vantagens de *"decidir e comunicar"* são que é rápido e parece fácil, especialmente se você já estiver ocupado com outros trabalhos. Deduz-se que o envolvimento demora muito, então decidir sobre as mensagens e simplesmente anunciá-las pode ser visto como a melhor abordagem. O problema é que não funciona tão bem, a menos que haja uma situação seriamente urgente, em que consultar os demais seja impossível. Se houver um incêndio, por exemplo, você provavelmente não gostaria de sentar-se com a equipe de bombeiros e decidir o que deve ser feito. Eles apreciariam uma abordagem do tipo *"decidir e comunicar"*.

Para quase todo o resto, o envolvimento geralmente tem melhores resultados. Se você criar um propósito compartilhado de mudança ao reunir pessoas-chave na organização e pedir sua colaboração, você terá começado o processo de conquistar o comprometimento. Ao envolver as pessoas no processo, você constrói comprometimento com as mudanças. As pessoas consultadas geralmente se sentem mais valorizadas e *"ouvidas"* do que seus colegas que simplesmente recebem ordens.

Qual abordagem você vai escolher dependerá da natureza da mudança e da situação que a organização enfrenta. Se você vai passar por uma fusão, talvez pode não ser útil ou relevante pedir a opinião de todos os colaboradores da empresa. Se você está procurando fazer mudanças em processos de negócios, então pode fazer muito sentido reunir as pessoas e envolvê-las.

Aqui estão algumas ideias para seguir, se você quer que as pessoas tenham um comprometimento antecipado com as mudanças.

Pense em usar histórias em vez de itens. Itens só fazem isso: apenas apontam para a comunicação. As pessoas se lembram de histórias simples, e histórias têm sido usadas por milhares de anos para lembrar e recontar eventos. Elas têm o mesmo poder nas organizações do século XXI que tinham na antiga China ou na Grécia. E reúna as pessoas para contarem suas próprias histórias. Nós descobrimos que grupos de pessoas podem ser encorajados a descreverem as questões e os desafios da organização. O que é claro sobre o nosso trabalho é que as pessoas valorizam muito mais o que elas criam do que aquilo que lhes é ordenado.

Se você não conseguir fazer as pessoas criarem suas próprias histórias, pense em usar o discurso de elevador. Funciona como uma comunicação de mudança simples, forte e fácil para lembrar. É uma descrição breve e focada da mudança, contada em um formato de história que seja fácil de lembrar e, portanto, fácil de passar adiante. Mantenha-a curta. Um bom discurso de elevador levará menos de dois minutos, algo com o qual Mark Twain estava obviamente familiarizado quando ele escreveu: *"Desculpe ter escrito uma carta tão longa, não tive tempo de escrever uma curta".*

Comece por onde as pessoas estão, não por onde você gostaria que elas estivessem. Danah Zohar, em seu livro *Re-wiring the corporate brain: using the new science to rethink how we structure and lead organizations*,[16] descobriu que pessoas diferentes são motivadas por questões diversas. Essas motivações são razoavelmente divididas igualmente entre impactos na sociedade, os consumidores, a organização, as equipes de trabalho e elas próprias. Se você está motivado pelo impacto em seu consumidor, então a história ou o discurso de elevador incluiria como eles seriam afetados pela mudança. Use essa informação para modelar suas mensagens, descobrindo quais são os assuntos que as provocam. Isso significa que você precisa variar seus discursos de elevador, dependendo de com quem esteja falando ou sua área de motivação. Bata nos interesses delas, não nos seus.

---

16 Reconectando o cérebro corporativo: usando a nova ciência para repensar como estruturamos e lideramos as organizações. (N.T.)

Estruture mensagens e conversas de diferentes formas para se adequar aos indivíduos e aos grupos. Paul Mok, em seu trabalho de estilos de comunicação, identificou quatro preferências de comunicação: Sensores (pessoas que gostam de comunicações curtas e com ações); Sentidores (pessoas que preferem ouvir sobre as pessoas e os efeitos das mudanças sobre elas); Pensadores (pessoas que gostam de passos e processos) e Intuitivos (aqueles que gostam de enxergar o cenário geral).

Use símbolos para comunicar que mudanças estão ocorrendo e esqueça os *slides*. Eu encontrei com um chefe regional de uma empresa de computação há alguns anos, que me contou que executou uma mudança para deixar a organização menos burocrática e menos baseada em regras — então ele organizou um *"funeral"* com um velório, propriamente dito. As pessoas vieram e queimaram os antigos livros de regimentos e manuais de políticas. Então contaram histórias sobre as pessoas que já tinham trabalhado lá, contaram piadas sobre como as regras tinham sido dobradas e geralmente bebiam muito vinho. Na manhã seguinte, ele disse às pessoas que isso era história e todos — incluindo o próprio — precisavam seguir em frente. Parece tudo muito *"leve"*, mas funcionou. O simbolismo puro prendeu as pessoas de uma forma que quarenta *slides* nunca prenderiam.

Ações-chave para criar um propósito compartilhado de mudança

Você precisará tomar algumas decisões sobre envolvimento e aprovação. As questões que você precisa responder nesse processo inicial são:

1. Quem serão os envolvidos no propósito compartilhado de mudança? Como já discutimos, as pessoas tendem a se comprometer com as mudanças das quais participaram da criação. É uma oportunidade antecipada — mesmo se a mudança já tiver sido decidida — de engajá-las na mudança?
2. Você pode testar o propósito compartilhado de mudança? Tenha cuidado ao conduzir mensagens e abordagens. O que pode parecer ótimo no planejamento do projeto, pode soar insensível e irrelevante ao ser apresentado ao setor de montagem ou ao *call center*.
3. Quem precisa aprovar? Sempre, sempre se certifique de que a equipe diretora ou o grupo executivo estão comprometidos com o que você dirá ou fará; meu conselho seria para usar a regra dos 80% de acurácia/100% de comprometimento. É muito melhor para os executivos terem uma mensagem com a qual eles estão comprometidos e que desejam comunicar do que tentar forçá-los a usar uma mensagem *"tecnicamente mais exata"*, com a qual não estão comprometidos porque ela não *"lhes"* pertence.
4. Como você irá desdobrá-lo? A grande tentação, especialmente nas grandes organizações, é contar às pessoas. Nós já vimos isso ser feito por e-mail, *slides* e até por mensagem de texto. Falaremos sobre isso posteriormente, mas tente usar comunicação face a face. Se você está em uma grande organização, então as mensagens devem ser passadas em efeito cascata. Em organizações menores, você pode conseguir falar com todos pessoalmente.

A esse ponto, no ciclo de mudança, pense em você mesmo como um vendedor. Você está tentando vender a ideia aos outros. Um vendedor de sucesso raramente diz a seus clientes o que fazer. Ele os envolve, descobre suas perspectivas, usa canais múltiplos de comunicação e geralmente faz com que os clientes o ajudem a construir a solução. Ele sabe que *"puxar"* funciona muito melhor do que *"empurrar"*.

Um propósito compartilhado de mudança bem planejado ajuda as pessoas a se manterem motivadas através do período de transição porque desenvolve urgência, energia e clareza — todos criam impulso para a mudança. Se genuinamente compartilhado, podemos impulsionar as pessoas para a frente e ajudá-las a resistir à tentação de voltarem aos confortáveis hábitos antigos. O propósito compartilhado atua como catalisador da mudança e geralmente é a primeira demonstração do nível de coesão necessário para o sucesso. E, finalmente, um propósito compartilhado de mudança atrativo e poderoso conduz comportamentos e ações tanto no nível organizacional quanto no nível local para conquistar uma implementação de mudança de sucesso.

Agora é o momento de construir uma liderança eficaz da mudança.

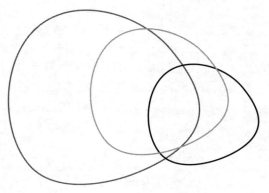

6

Construindo uma liderança eficaz da mudança — envolvendo líderes-chave

Na Changefirst treinamos centenas de agentes de mudanças todos os anos e há um comentário consistente que é feito em todos os *workshops*: "Eu pensava que passaria bastante tempo com os colaboradores de linha de frente, ajudando-os a adotar a mudança. Mas na verdade passo a maior parte do meu tempo coordenando gestores e executivos a visivelmente darem suporte à mudança". Ou, algumas vezes: "Que dicas você tem para conseguir a atenção dos gestores para as mudanças que eles me pediram para executar?".

O que esses indivíduos preocupados estão sempre lutando contra é como serem fortes líderes de mudança diante da resistência ou da oposição, especialmente quando essa resistência ou oposição vem daqueles acima na hierarquia. A dedução à qual geralmente se chega, erroneamente, é a de que devem ser líderes fracos de mudanças — caso contrário, teriam sucesso em atrair a atenção da gerência.

Isso significa que líderes fortes de mudanças são uma raça rara e ilusória? Significa que mudanças de sucesso sejam tão difíceis que apenas alguns conseguem o *benchmark*[17] necessário? Significa que uma forte liderança de mudanças é uma

---

[17] O conceito de *benchmarking* envolve a busca por melhores práticas e referências que levem a um desempenho superior. (N.T.)

Figura 6.1: A "roda" Changefirst: FCS 2 — Liderança eficaz de mudança

qualidade inata que você ou tem ou não tem? Ou se resume a uma falta de habilidade?

Um dos pontos altos de minha carreira é que tenho tido o privilégio de trabalhar com alguns ótimos líderes de mudanças. Eles surgem de todos os lugares — executivos, líderes de projeto e gestores. E aprendi muito ao observá-los ao longo dos anos. Mas a maior lição que aprendi é que uma forte liderança de mudança não é rara, não é um dom inato que apenas poucos possuem e não é um desafio impossível. Tudo se resume a habilidade. E essa habilidade pode ser aprendida.

Preocupações sobre como garantir a liderança eficaz da mudança ecoam da maioria das pesquisas ao longo dos últimos trinta anos, e são geralmente citadas como o fator de risco número um em uma grande mudança. Em 2009, nós conduzimos *Change in a downturn*[18] — uma pesquisa que foi enviada a 2 mil participantes em 26 países. Os resultados indicam que uma liderança eficaz da mudança é muito frequentemente vista como o como o principal problema das mudanças que não tiveram sucesso. De muitas formas, esse é outro aspecto realmente óbvio da mudança de sucesso; afinal, mudanças bem conduzidas quase sempre serão melhores do que as mal conduzidas. Infelizmente, como os resultados atestarão, o óbvio não necessariamente se traduz em soluções e ações construtivas. Esse paradoxo é um dos grandes mistérios corporativos: por que líderes que iniciaram as mudanças acabam ignorando-as? Eles certamente não fazem tudo o que podem para se certificarem de que elas sejam implementadas.

Uma liderança eficaz da mudança ocorre quando os líderes de mudanças fornecem direção, condução e suporte às pessoas que estão implementando as mudanças, bem como àqueles afetados por ela e que trabalham com as mudanças diariamente.

Os três principais papéis da liderança de mudança

Na maior parte dos projetos de mudança, existem três papéis principais da liderança de mudança que são necessários: *sponsors*, influenciadores e agentes de mudança. Sem a clareza sobre quem está fazendo o que e quem é responsável pelo que, nada será feito. Isso é tanto verdade para uma gestão de mudanças quanto para qualquer outro processo de negócio.

---

18 Mudanças em declínio. (N.T.)

Vamos analisar os três papéis, brevemente no início, e depois com mais detalhes.

Sponsors são responsáveis pela implementação das mudanças com sucesso em sua área de responsabilidade. São essas pessoas que asseguram que os benefícios das mudanças sejam totalmente alcançados. Não confunda esse papel com títulos como *"Project Champion"* [19] ou *"sponsor executivo"*. Nós usamos o termo para designar todas as pessoas que tenham a responsabilidade de fazer uma mudança acontecer. Em grandes mudanças de sucesso existem geralmente múltiplos *sponsors* que se relacionam com as mudanças e as transmitem em efeito cascata[20] pela organização.

Influenciadores lidam com poderes informais importantes. Uma definição de influência é *"o poder de afetar, controlar ou manipular algo ou alguém; a habilidade de mudar o desenvolvimento de coisas flutuantes, como condutas, pensamentos ou decisões; uma ação exercida por uma pessoa ou coisa com poder sobre outra para provocar uma mudança; uma pessoa ou coisa que exerce um poder ou ação"*. O ponto-chave nisso tudo é o poder informal. Em outras palavras, influenciadores não podem direcionar as pessoas a algo — mas eles exercem um tipo diferente de poder que é igualmente, se não mais, importante.

Agentes de mudança trabalham com *sponsors* para planejar e executar as tarefas ou atividades que possibilitam às pessoas se adaptarem às mudanças, e asseguram que elas estejam totalmente implantadas, não instaladas, apenas, ou esquecidas. Eles raramente têm poder formal suficiente e dependem,

---

19 Outro termo que designa a pessoa responsável por um projeto e toma decisões relacionadas a ele. (N.T.)
20 Dos mais altos aos mais baixos postos de trabalho, na hierarquia da empresa. (N.T.)

portanto, de persuadir e trabalhar com outras pessoas para fazer a mudança acontecer.

Para construir maior clareza dos diferentes papéis, vamos aplicá-los a um projeto de mudança. Digamos, por exemplo, que uma grande distribuidora reconheceu a necessidade de uma extensa mudança em sua rede. Havia muitas reclamações, a concorrência estava mais forte e os clientes estavam cada vez mais astutos com relação ao que queriam como parte dos serviços regulares. Estava claro que simplesmente uma revisão geral da rede de fornecedores não seria o suficiente. Uma maior integração entre os trinta centros de distribuição e um melhor sistema de rastreamento para gerenciar o escoamento dos produtos até os clientes precisavam ser implementados.

Quem são os *sponsors* aqui? Os *sponsors* para esta mudança poderiam incluir a vice-presidente de Logística, pelo fato de ela ter de dirigir as mudanças que impactarão sua rede de distribuição. As ações da vice-presidente serão reforçadas por um outro nível de *sponsors*, em geral composto pelos gestores e coordenadores de cada região. Eles precisam assegurar que os gerentes dos Centros de Distribuição estão a bordo, comprometidos e aptos para liderar a mudança efetivamente. Então, cada um desses líderes precisa ser *sponsor*. Na verdade, cada gestor que tem de assegurar que a mudança ocorra é um *sponsor*.

Quem são os *agentes* aqui? O agente provavelmente será um gerente de projeto ou gestor designado para o projeto. Eles receberão a ordem de *"liderá-lo"*, mas na realidade irão construir o plano, coordenar atividades de desdobramento, lidar com problemas e acompanhá-los. O gerente de projeto ou gestor de linha trabalhará em paralelo com a vice-presidente de

Logística e ela irá garantir que ele tenha o suporte que precisa para ter sucesso. Haverá outra camada de gerentes, que foram selecionados em cada região ou centro de distribuição. Esses agentes trabalhariam com seus gestores gerais individuais para construírem planos locais e executar tarefas que terão impacto sobre seus colegas na base.

Quem são os influenciadores? Assim que ficou claro que a mudança seria necessária para melhorar o desempenho de distribuição, a vice-presidente de Logística sabia que precisava envolver Bob Scott, o respeitado gerente de Distribuição do maior centro, que estava na empresa há 15 anos. Meia dúzia de outros influenciadores foi identificada e trazida para a equipe central.

E, claro, líderes de mudança podem desempenhar múltiplos papéis a todo o tempo. Por exemplo, um *Chief Information Officer* (CIO) pode ser um *sponsor* de mudança em sua equipe, mas quando se trata de implementar uma grande mudança de TI pela organização, o CIO é um agente de mudança. Isso é importante porque determina como as pessoas precisam se comportar em diferentes papéis. No papel de agente, o CIO provavelmente precisaria passar muito mais tempo persuadindo, facilitando e consultando do que no papel de *sponsor*.

Se você quer ser eficaz, precisa se certificar de que todos compreendem os diferentes papéis que precisam desempenhar e como pode ajudá-los a serem eficazes nesses papéis. Você deve tentar conseguir isso logo no começo do processo de mudança. Uma técnica da Changefirst chamada de "Mapeamento da Rede de Mudanças" pode lhe ajudar a identificar esses papéis e quais são os atores principais. Além disso, vai lhe ajudar a compreender as comunicações, as relações e as dinâmicas de poder entre eles.

Agora analisaremos os três papéis mais a fundo.

O que faz um *sponsor* ser eficiente

Algumas vezes ideias e normas são passadas por executivos como as conhecidas "batatas quentes". Logo que a batata quente é lançada, o *sponsor* desaparece e é difícil encontrá-lo. Entretanto, uma mudança eficaz só é possível quando os *sponsors* da mudança estão ativamente envolvidos e seu compromisso é claro para os demais.

É uma importante parte do seu trabalho ajudar os *sponsors* a terem sucesso. Até mesmo *sponsors* com as melhores das intenções podem ser ineficazes. Se eles não tiverem clareza sobre seu papel durante a implementação, podem não ser capazes de fornecer o suporte que as pessoas precisam. Nos últimos 15 anos, coletamos dados e informações sobre o que faz um *sponsor* ter sucesso, e o resultado é uma ferramenta que rastreia 12 dimensões de um *sponsor* eficaz. Quero destacar três das dimensões que consideramos especialmente importantes aos *sponsors*.

Primeiro, grandes *sponsors* lideram com "*atos*". Durante mudanças, as pessoas parecem notar quase toda diferença entre o que os *sponsors* dizem e o que fazem. Eu me lembro, há cerca de dez anos, de tentar treinar um time executivo que ensaiava cortar custos e aumentar eficiências operacionais. Esse projeto levaria dois anos para ser concluído. Eles estavam trabalhando com uma grande empresa de consultoria para redesenhar partes do projeto, e na verdade estava dando certo. Entretanto, eu já tinha tido algumas conversas sobre seus hábitos de voarem em primeira classe e como isso estava sendo comentado pelos gestores nas discussões de grupo que havíamos criado. Os membros do time executivo me disseram que *"essas pessoas"* não compreendiam o quanto todos eles viajavam e o quão cansativo isso era. A cerca de um terço do projeto, eles decidiram que a política sobre carros dos gerentes seniores (incluindo seus próprios) não era competitiva e os estava impedindo de contratar as pessoas *"certas"*. Eu não conseguia entender por que ter pessoas em sua organização que seriam desencorajadas a se juntarem a você por causa do tipo de carro que elas têm — mas, muito mais importante, eu destaquei o simbolismo disso em um momento de restrição de grandes custos. O CEO me disse que estava *"administrando um negócio, não um teatro"*. Ele não precisava justificar suas decisões, nem usar *"símbolos inúteis"* para justificar suas razões. Nem preciso dizer que o corte de custos não atingiu seus objetivos e que o CEO foi afastado logo depois. As pessoas na organização não acreditavam que a gerência falava sério com relação à redução de custos e se ressentiram quanto às desigualdades que observavam. Assim como um gerente médio me disse: *"Então eles cancelaram o café grátis para pagarem por Lexus melhores"*.

Compare isso com um exemplo que um participante me deu em um *workshop*. Eu pedi ao grupo exemplos positivos de liderança ativa. Um dos participantes disse: *"Nós temos um projeto que está passando por algumas dificuldades e tivemos de trabalhar no final de semana por causa de erros e desvios do sistema. No sábado, o executivo sênior responsável pelo projeto se juntou a nós às oito da manhã, sentou-se, pegou uma pilha de relatórios de erros e trabalhou com ela até às* cinco da tarde. Ele agiu como se fosse apenas alguém da equipe de projeto. Ele então nos reuniu na segunda-feira para ajudar a construir um plano mais sólido para lidar com os problemas. O ponto principal é que minha equipe de projetos ficou muito motivada por essa simples ação. Ele estava lá, nos ajudando, não em seu BlackBerry exigindo atualizações de projetos".

Segundo, *sponsors* fortes se comunicam consistente e congruentemente com relação às mudanças. Isso envolve diversos aspectos. Eles se comunicam consistentemente quando estão em público e são tão passionais e determinados quanto em particular. Eles rastreiam marcos e projetos. São abertos a *feedback* de qualquer um envolvido na mudança. Na verdade, eles apreciam isso. Um ótimo exemplo é uma líder de mudança que chamarei de Linda. Linda era absolutamente consistente no que ela lhe dizia sobre a mudança, independentemente de que você estivesse sozinho ou em um grupo. Ela também era muito aberta a *feedbacks*; ela parecia prosperar com isso. Toda vez que eu a via em ação, eu me lembrava do antigo clichê que *"a mudança é um esporte de contato"*. Ela parecia amar discutir com as pessoas sobre a mudança e via toda troca como uma chance de vendê-la. Como uma vendedora talentosa, ela enxergava objeções e oportunidades para revender sua mensagem. Agora, isso não converteu todo mundo em um evangelista da mudança — mas, em termos políticos, isso consolidou a base, converteu alguns não crentes e a oposição viu que ela era passional com a mudança. Eles estavam lidando com uma pessoa firme. Nem todos podem ser como a Linda, mas os líderes de mudança podem ser auxiliados a serem consistentes, disciplinados e a não regredirem sem perceber.

Finalmente, *sponsors* de sucesso constroem uma forte rede de outros *sponsors*. Já falamos sobre a importância de construir uma rede forte de *sponsors*. Você precisa encontrar formas de compartilhar as informações efetivamente, transmitir a comunicação pela organização e exercer poder e influência para garantir que a mudança possa ser totalmente implementada pela direção.

Esse aspecto do papel de um *sponsor* se tornou cada vez mais importante na medida em que a natureza e a estrutura das operações de negócios mudaram. As organizações mudaram, de alguma forma, desde os anos 1980. Especialmente, nós vemos agora mais organizações usando uma estrutura matriz, em oposição às hierarquias mais tradicionais. Existem mais colaboradores temporários e algumas vezes as diferenças entre consultores, contratantes e colaboradores em tempo integral ficam confusas. As organizações são algumas vezes reconstruídas ao redor do processo. Organizações regionais algumas vezes desaparecem para serem substituídas por unidades de negócios globais. Técnicas como *lean manufacturing*[21] já reduziram camadas de muitas fábricas. Essa reestruturação, redução, reengenharia global etc. levaram à especulação de que as hierarquias estão mortas e o poder de organização formal não é mais o mesmo. Quando se orquestra uma grande mudança, tome muito cuidado com essa suposição. Fala-se muito sobre algo chamado "*mudança* bottom-up".[22] Eu nunca a vi, a menos que signifique algumas das técnicas de construção de solução que discutimos anteriormente. Ignore o poder

---

21 "Produção enxuta" — expressão utilizada para definir o conjunto de conceitos, práticas e ferramentas desenvolvidos pela Toyota que visa flexibilidade, agilidade, simplicidade, redução de desperdícios e eficiência dos processos produtivos. (N.T.)
22 Mudança de baixo para cima, na hierarquia organizacional. (N.T.)

de organização formal por seu próprio risco. Harold Leavitt, em seu livro *Top down*,[23] sugere que pouco mudou de fato nas grandes organizações. Ele justifica que a organização média é basicamente tão hierárquica como sempre e, ao contrário das previsões, o trabalho virtual não mudou fundamentalmente a forma como trabalhamos. Se Leavitt estiver correto — e acho que está —, você deveria levar o poder e a política tradicional muito a sério quando planejar grandes mudanças. Hierarquias tradicionais podem ainda existir, mas exigir a mudança de cima pra baixo não funciona. A mudança *bottom-up* é um grande mito, então encontrar o equilíbrio é essencial. A maior parte dos agentes de mudanças relata que, na maioria dos casos, transmitir a mudança de cima para baixo na organização é ainda a forma mais efetiva de preparar a mudança. Não é o suficiente sozinha, mas, todavia, crucial.

Trabalhamos com uma grande organização multinacional de TI, por exemplo, que começou a implementar novos processos de venda e de tecnologia pela Europa, Oriente Médio e África (da sigla em inglês, EMEA). Embora a mudança tenha começado na matriz nos EUA e estava ativamente sendo gerida a partir do EMEA, a cultura descentralizada do negócio significava que cada um dos países do EMEA operava como feudo independente. Isso significava, na realidade, que as centrais nacionais e regionais poderiam — formal ou informalmente — vetar uma exigência de mudança, contanto que continuassem a atingir as metas financeiras. Consequentemente, não houve uma rede de *sponsors* suficientemente forte. Para esse tipo de mudança ter resultado, os gerentes regionais e

---

23 De cima para baixo. (N.T.)

nacionais precisavam se envolver, a influência dos principais gerentes de vendas e dos colaboradores precisava ser usada para construir defensores da mudança e a comunicação crucial de mudança precisava ser executada pelo líder do negócio local.

Para garantir que isso acontecesse, o principal agente de mudança construiu um processo que envolveu todos os países na construção do suporte para a mudança. Uma série de *workshops* foi realizada para possibilitar à equipe de gerência de cada país se engajar e então planejar uma implementação específica em seu próprio país. Isso levou a um alto nível de apropriação pelos colaboradores locais, tanto da mudança, quanto do método de implementação. O agente foi esperto o suficiente para compreender que todos os *sponsors* precisavam estar comprometidos e que, por causa da cultura organizacional, apenas um processo de engajamento funcionaria.

Como construir uma rede forte de *sponsors*

Você tem um número limitado de ferramentas à sua disposição para lhe ajudar a construir a rede.

Envolvimento é a primeira. A melhor forma de engajar *sponsors* é fazê-los participar. Isso foi o que o agente de mudança fez no estudo de caso visto. Você pode fazer gestores participarem no projeto de como a mudança se desdobrará em sua área e como será implementada. Você deve ser cuidadoso sobre quem vai participar nesses estágios iniciais da mudança se uma área for altamente impactada; então traga um *sponsor* dessa área para o projeto ou para a equipe de liderança. Se os *sponsors* se sentirem parte dos processos de tomada de decisão, seu comprometimento com a mudança crescerá rapidamente. Você sempre deve se esforçar para usar o envolvimento primeiro.

Persuasão é a próxima ferramenta a ser usada. Se o envolvimento não funcionar ou não for possível, o próximo método é tentar convencer o *sponsor* sobre os benefícios da mudança. Nós já vimos isso funcionar muitas vezes na prática. Um agente de mudança que treinamos estabeleceu uma série de reuniões individuais entre o *sponsor* inicial (neste caso, o CEO) e *sponsors*-chave, abaixo na organização. Essas reuniões permitiram à pessoa mais poderosa da organização — o CEO — apresentar o caso a líderes hesitantes. Essa abordagem permitiu a ele ter sucesso sobre os outros para que pudessem ir em frente com a implementação da mudança.

Em seguida, vem a recompensa. Se a participação e a persuasão não funcionarem, a próxima opção possível é usar recompensas. Essas recompensas podem ser geralmente atingidas em um grupo por meio, por exemplo, do reestabelecimento de metas-chave de desempenho. Nós também já vimos o uso bem-sucedido de recompensas melhores e menos formais para se conseguir transmitir o objetivo. Freud nos disse que as pessoas se motivam em direção ao prazer e para longe da dor; então, trazer incentivos a comportamentos corretos pode facilitar uma assimilação mais rápida de um novo comportamento.

Finalmente, o isolamento. Se todo o restante falhar, pode ser necessário agir sobre esses *sponsors* que estão trabalhando contra as mudanças. Isso pode significar redesignar o *sponsor* em especial para outra posição, removendo responsabilidades e autoridade pelos resultados de negócios afetados pela mudança ou, até mesmo, em casos extremos, demissão. Se você não tem o poder para isso, você deve encontrar a forma de trabalhar contornando essas pessoas ou então removê-las do processo. Eu uma vez desconvidei dois gerentes de uma reunião semanal de planejamento de projeto — francamente, eu estava entediado de lidar com eles e com seu desestímulo constante do processo de mudança. Quando me perguntaram por que não estavam incluídos, eu disse a eles que estavam claramente se opondo à mudança e parecia uma perda do tempo das pessoas, inclusive deles próprios, eles comparecerem. Isso teve um estranho efeito catártico que eu não esperava. Para eles, foi um ponto de virada, e eles voltaram algumas semanas depois dando muito mais suporte à mudança.

Essa é provavelmente uma das maiores questões que encaramos. Uma agente de mudança que treinamos passou por essa situação quando tentava implementar uma transformação muito significativa em sua organização. Ela tinha construído uma rede razoável de suporte entre *sponsors*. Entretanto, um gerente sênior de uma parte-chave da organização dizia que apoiaria a mudança, mas nada fazia para implementá-la. Apesar de passar um tempo com o gerente e então finalmente consultar seu líder, nada acontecia. O líder, quando finalmente confrontado com a questão, indicou que o gerente era ótimo em seu trabalho diário e que não estava preparado para perdê-lo por conta de sua resistência à mudança. Isso forçou a agente de mudança a retroceder e tentar encontrar uma forma de atuar contornando essa parte da organização; no fim das contas, todavia, a mudança teve menos sucesso do que deveria. Ela percebeu depois que havia perdido um sinal vital vindo do líder — até onde ele sabia, essa mudança não era tão importante quanto o desempenho do gerente em seu trabalho diário. O que esse caso ilustra é a dificuldade quando gerentes com credibilidade e talento interrompem seus esforços de mudança. Se o *sponsor* inicial não está preparado para agir, então você deve tentar isolar a pessoa em questão. Eles poderão até posteriormente se envolver, porque uma concentração importante se forma entre seus colegas, mas, em nossa experiência, isso nem sempre é o caso. Isso pode forçar os *sponsors* a escolhas difíceis sobre quão importante a mudança é *versus* manter pessoas-chave.

O que faz um influenciador ser eficiente

É muito mais provável que uma mudança tenha sucesso quando é amparada por um suporte claro e ativo de outras pessoas influentes na organização. O papel das pessoas influentes sempre foi importante para a mudança, mas cresceu exponencialmente com o avanço da tecnologia de comunicação. As mudanças de comunicação como e-mail, sites de intranet e redes sociais deixaram muito mais fácil se relacionar com os outros pelo mundo. Assim, esses indivíduos estão tendo um controle cada vez maior conforme sua influência se dissemina pela organização mediante uma variedade de novos meios tecnológicos. O papel que influenciadores exercem ao fazer a mudança acontecer foi o assunto do livro *best-seller* de Malcolm Gladwell O *ponto da virada: como pequenas coisas podem fazer uma grande mudança*. Esse livro basicamente resumiu, de uma forma muito clara, a evidência de suporte no papel que os influenciadores exercem.

Foi o renomado sociólogo Stanley Milgram que nos ajudou a compreender essa dinâmica um pouco mais. Em um conjunto de experimentos, Milgram demonstrou o que mais tarde ficou conhecido como *"fenômeno do mundo pequeno"*. Ele queria saber o quão conectados estávamos. Ele delineou um experimento no qual deu uma carta a alguém em Nebraska. A essa pessoa foi dito que a carta tinha de chegar a alguém em especial em Massachusetts, que eles não conheciam. O primeiro remetente recebeu apenas fatos básicos sobre o destinatário final, como a profissão, e a partir dessa informação eles tinham de enviar uma carta a alguém que conheciam mais intimamente, que então teria de fazer o mesmo para que a carta chegasse a seu destino final. Em média, Milgram descobriu que a carta tinha sido enviada seis vezes antes de chegar ao destino. Essa é a base da conhecida ideia dos seis graus de separação. Isso significa que não importa quem você seja e onde esteja, você e eu estamos separados por apenas seis pessoas ou graus de separação. Isso não é muito, e ilustra o quão conectados de fato estamos.

Trabalhos posteriores que se seguiram a esse mostram que não apenas estamos mais conectados do que imaginamos, mas que nossos níveis de confiança são afetados por esses graus de separação. Não apenas confiamos nas pessoas que estão diretamente conectadas a nós, mas também confiamos nas pessoas que estão a duas ou três separações de distância. Em seu livro *Web 2.0: guia estratégico*, Amy Shuen sugere que a explosão das redes sociais e da tecnologia participativa significa que confiamos nessas conexões muito mais do que nas figuras tradicionais de autoridade ou até mesmo na publicidade para tomarmos decisões. Embora ela indique que a confiança na conexão caia a cada nível, o escopo de contatos compensa isso. Então, por exemplo, se você recomendasse sua amiga Susan a um emprego, eu confiaria em seu julgamento e entrevistaria Susan; se você dissesse que Susan conhece outra pessoa que seria ótima para o trabalho, meus níveis de confiança começariam a cair. Eu não conheço Susan e embora eu possa fazer um julgamento dela baseado em meu conhecimento sobre você ("pássaros do mesmo bando voam juntos"), eu não posso necessariamente fazer esse mesmo julgamento sobre alguém que está a dois níveis de distância. A tecnologia, entretanto, permite nos conectarmos a muito mais pessoas do que antes e usar essa tecnologia para construir aqueles níveis de confiança além dos costumeiros dois ou três níveis de separação do mundo *off-line*. Por exemplo, o website de *network* de negócios LinkedIn permite aos contatos adicionarem endossamentos e testemunhos. Isso prova a construção da confiança para além da regra *off-line* de dois ou três graus de separação. De fato, dos 25 mil pedidos de apresentação no meio de 2005, 87% foram aceitos. Esses tipos de conexões estão fazendo as coisas acontecerem.

Em nosso trabalho nas organizações, identificamos quatro tipos de influenciadores:

- **Advogados:** são pessoas que podem potencialmente persuadir outras sobre os benefícios da mudança. É muito importante trabalhar com eles logo no início do processo. Você precisa plantar-lhes ideias e transformá-los em militantes logo no início.
- **Conectores:** eles lhe ajudam a contatar outras pessoas da rede que você queira influenciar. Eles ajudam você a conseguir aliados e suporte. Eles também podem ajudá-lo a desenvolver uma concentração importante de pessoas-chave a favor da mudança.
- **Controladores:** eles controlam o acesso às pessoas e informações. Eles podem não ser seniores; na verdade,

muitos deles podem estar em cargos intermediários. Mas eles precisam de dedicação e precisam compreender como podem ajudar você.

- **Especialistas:** eles são reconhecidos como tecnicamente de credibilidade pelos outros na organização. Lembre-se de que eles podem não ser de fato especialistas técnicos; apenas os outros os consideram assim.

Você precisa identificar e compreender o papel que cada um desses influenciadores exerce. Todos têm influência, mas você precisará da ajuda deles em diversos momentos no processo de mudança. Quanto mais você compreender sua organização e como as pessoas atuam nela, mais fácil fica. Na organização de um de nossos clientes, o CEO e um gerente de fábrica localizada na China começaram a trabalhar na empresa como *trainees* 25 anos atrás. Antes de o CEO começar sua rápida escalada na organização, eles compartilharam muitas experiências, boas e más, que criaram um forte vínculo entre eles. A menos que você conhecesse a organização muito bem, você não saberia sobre essa relação. Toda vez que o CEO queria sentir a empresa com relação a uma mudança, ele ligava para o gerente de fábrica e perguntava o que ele achava. Agentes de mudança inteligentes tratariam o gerente como um advogado em potencial e o contatariam primeiro. Se você não sabe sobre a história e as políticas da organização, então descubra ou traga alguém para o seu time que conheça.

De uma forma direta, você precisa prestar mais atenção em algumas pessoas do que em outras, no processo de mudança. Quando você para e pensa sobre isso, já sabe que algumas pessoas na organização têm mais influência do que outras. Você reconhece isso instintivamente e precisa trazer esse conhecimento ao processo de mudança para iniciar uma liderança efetiva de mudança.

O que faz um agente de mudanças ser eficiente

Era 1989 e eu estava dirigindo pela Rota 101 no norte da Califórnia. Eram sete horas da manhã. Eu não tinha dormido bem naquela noite. Alguns meses atrás, eu tinha sido transferido dos escritórios do Reino Unido para uma subsidiária nos EUA. Era uma empresa de seguros baseada na Califórnia que estava em declínio há algum tempo e precisava ser transformada em algo mais relevante, rentável e vibrante. Tudo tinha começado bem. Meus colegas executivos tinham sido muito receptivos, havia um grande imperativo de mudança e minha família tinha se estabelecido sem dificuldades. Era meu primeiro grande papel como agente de mudança, e o que me faltava de habilidades e experiências eu compensava com energia e vontade de fazer a diferença. Mas eu havia despertado naquele dia em especial às duas horas da manhã, cheio de ansiedade e preocupação. Minha chefe me apoiava, mas achava que eu teria mais sucesso através de minhas intervenções pessoais do que lidando com meus colegas. Estes haviam começado a resistir à mudança, conforme perceberam o que ela significava para eles pessoalmente. Colegas de trabalho confundiam meu apoio à minha chefe, publicamente, como uma falta de desafio a ela, em particular, e então achavam que eu era nulo para ela. O projeto estava desacelerando, conforme a gerência média também começava a resistir, e uma aliança desses gerentes com alguns executivos de muito tempo de casa ameaçava descarrilar por completo o esforço todo. Acima de tudo, algumas das mudanças iniciais de TI não estavam funcionando corretamente e se mostrando mais difíceis de serem implementadas do que havíamos previsto. Isso teve um efeito bola de neve, já que significava que não podíamos executar algumas das outras mudanças que queríamos implementar. Então eu percebi o que tinha acontecido: eu estava sobrevivendo ao que as pessoas haviam previsto que aconteceria a mim. Eu tinha me tornado um agente de mudança. É um papel que tenho vivido de diversas formas, desde aquela época. Percebi que meu trabalho era planejar e ajudar a executar a mudança. Eu não poderia fazê-la por meio de outras pessoas. Não tinha muita autoridade formal e tinha de facilitar a mudança em vez de ordená-la. Eu tinha de puxar (em vez de empurrar) as pessoas através da mudança, sempre que possível. E, se não fosse possível, eu precisava de um plano B (que pode ser difícil para ser identificado).

Da mesma forma que desenvolvemos uma ferramenta de avaliação de *sponsor*, também desenvolvemos uma avaliação que permite às organizações identificarem e desenvolverem agentes de mudança. Das várias dimensões identificadas, três são absolutamente cruciais ao sucesso. Primeiro, se você quer ser um agente de mudança, você deve ter um nível básico de credibilidade e confiança na organização. Há alguns anos, nos pediram para visitar uma organização que havia lançado uma mudança de TI de £ 10 milhões. A mudança havia estagnado completamente a empresa. Eles estavam perdendo clientes e colaboradores-chave em questão de horas. Eu logo encontrei o principal agente de mudança. Ele era uma pessoa agradável e com boas intenções, mas lhe faltavam muitas das habilidades que agentes de mudança precisam. Ele não era um bom facilitador, não conseguia convencer as pessoas, selecionava uma fraca equipe de apoio, porém, mais que tudo, lhe faltava também credibilidade em partes-chave da organização. A crucial organização de vendas não o via como alguém que conseguiria ajudá-los a mudar sua organização, e o resultado geral era que eles resistiam a quase tudo o que ele propunha. A mudança não seria restabelecida até que se afastasse. Ele foi substituído por um gerente da equipe de vendas que toda a organização respeitava e confiava. Isso foi um dos fatores mais cruciais para reenergizar a mudança.

Segundo, agentes de mudança precisam ser capazes de lançar desafios por toda a organização. O que geralmente irá acontecer em importantes projetos de mudança é que pessoas são tão ocupadas e trabalham tanto que param de ouvir e observar o que está de fato acontecendo. Isso significa que algumas das decisões que elas tomam são baseadas em falsas premissas ou informações inexatas. A pessoa que pode agir contra isso é o agente de mudança. A capacidade de confrontar as pessoas sem aliená-las é uma habilidade muito difícil de conseguir. Conforme a minha experiência, você precisa ter relações pessoais próximas com *sponsors* seniores para conseguir isso. Eles precisam valorizar o *feedback* vindo de você. Eles podem não gostar de ouvir um *feedback* negativo, mas podem ouvir, se o respeitarem e se você tiver mostrado que pode ser confiável. Se essa é a primeira vez trabalhando com um *sponsor*, comece com as questões de mudança mais técnicas e genéricas. Mantenha seus desafios pequenos. Deixe a confiança ser construída. O que você descobrirá é que ao longo do tempo você pode aumentar os *feedbacks*, conforme a confiança se desenvolve. Uma vez que a confiança é construída, você deve ser capaz de falar sobre seu papel como agente de mudança e do impacto que a equipe de *sponsor* está tendo sobre o desempenho da mudança. Uma vez que se cria uma relação, você pode começar a ajudar o *sponsor* com seu próprio desempenho. Lembre-se da antiga regra de *feedback*: se tiver de dizer a alguém uma coisa ruim, então dê a ele três coisas boas para combater as negativas. O sistema está longe de ser perfeito, mas pode ajudar a tirar o ferrão do *feedback* e permitir à pessoa corrigir a questão sem se sentir incompetente.

Alguns executivos, entretanto, se recusam a ouvir algum *feedback* negativo. Eles podem considerá-lo ameaçador e podem até mesmo ver isso como "*insubordinação*". Na minha experiência, você pouco pode fazer a respeito dessas pessoas, e você deveria tentar trabalhar contornando-as ou se preparar para que o projeto seja subotimizado. Em outras palavras, se puder, caia fora!

Terceiro, aprenda algumas habilidades de influência. Sei que vendas parece uma palavra inapropriada para alguns de vocês. Mas isso é parte do seu trabalho. Um dos maiores erros que vejo os agentes de mudança cometerem é perceber seu trabalho como sendo técnico. "*Meu trabalho é me certificar de que existe um plano e segui-lo. Eu não posso influenciar as pessoas. E de qualquer forma, esse não é o meu trabalho.*" Seu sucesso potencial é baseado na sua capacidade de trabalhar com canais de poder e influência que afetam o projeto. Se você precisar de um manual para isso, um dos melhores trabalhos que já li sobre esse assunto é um artigo da *Harvard Business Review* chamado "Breakthrough bargaining"[24] de Kolb e Williams. Fala sobre as

---

24 "Avance barganhando", ou "Avance por meio da barganha". (N.T.)

estratégias que você pode adotar quando as pessoas mantêm poderes diferentes. Todo agente de mudança a quem já recomendei esse artigo o considera útil, de alguma forma. Kolb e Williams falam sobre as formas de persuadir as pessoas a participarem, como formatar a maneira como as decisões são tomadas e como passar uma sensação de segurança para as pessoas participarem do seu projeto.

Ações-chave para construir uma liderança efetiva de mudança

As questões que você precisa responder para construir uma liderança efetiva de mudança são:

1. Você já identificou os líderes que poderão lhe ajudar a ter sucesso no projeto? No início do projeto, você pode receber uma lista de pessoas ou dizer que certos indivíduos serão cruciais. Ouça todas as opiniões e então tome suas próprias decisões sobre quem você precisa envolver na mudança.
2. Você já construiu um suporte inicial para o que deverá ser feito para o projeto ter sucesso? É geralmente muito mais eficaz se você tiver o compromisso de líderes-chave — eles podem ser *sponsors*, influenciadores ou outros agentes — logo no início do processo de mudança. Firme um compromisso com eles antes que construam um ponto de vista forte sobre a mudança.
3. Os líderes-chave têm as habilidades e o desejo de terem sucesso e de apoiar você? Se não, então você deve tentar consertar isso. Na minha experiência, líderes geralmente não gostam de admitir a falta de alguma

habilidade, embora seja a própria falta de habilidade que se manifeste como um baixo desejo de mudança. Então comece com uma sutil construção de habilidade para que líderes-chave sejam certificados de que tenham as habilidades necessárias para a mudança. Dessa forma, eles têm mais chance de apoiarem você e a mudança.

4. Você já se preparou para liderar essa mudança? Ela é cheia de incertezas, ambiguidades e pode exigir muito de você, mesmo que esteja preparado. Pense como você pode melhorar suas habilidades, seu pensamento e flexibilidade antes de começar. Mais importante, tire algum tempo para você. Você precisa de tempo para refletir e recarregar as baterias.

Uma liderança efetiva é o primeiro passo real em direção à mudança após o propósito compartilhado ter sido definido. As pessoas têm mais chance de apoiar uma iniciativa de mudança quando veem a pessoa liderando a mudança *"fazer o que diz"*. Na verdade, eu diria ainda que a menos que a liderança de mudança esteja exibindo o comportamento que busca nos outros, então a mudança nunca alcançará seu potencial de caso de negócio. Essa demonstração prática da mudança ajuda as pessoas a superarem as dificuldades inevitáveis que vêm com as adaptações à mudança: os processos de pensamento geralmente inconscientes, como, *"Bem, se X ou Y podem fazer, eu também posso"*. Uma vez tendo uma forte liderança de mudança para a iniciativa, você pode começar a desdobrar os processos de engajamento.

7

Processos de engajamento — envolvendo a organização

Uma definição quase padrão de engajamento é *"o envolvimento, comprometimento e satisfação de um colaborador com seu trabalho"*. Estudos já relacionaram altos níveis de engajamento de colaboradores a um melhor desempenho organizacional. Por exemplo, a pesquisadora Nancy Lockwood, do Reino Unido, descobriu que colaboradores com níveis mais altos de comprometimento se saíram 20% melhores do que seus colegas, e tinham 87% menos chances de deixarem a organização.

Na implementação de mudanças, processos de engajamento são projetados para promover o comprometimento, estimular novos comportamentos e ensinar novas habilidades. Raramente vimos um comprometimento sendo construído sem o engajamento das pessoas de alguma forma. As exceções são quando a organização tem um imperativo extraordinariamente forte. Isso é geralmente visto em uma das extremidades do ciclo de vida — em outras palavras, no início ou quando a operação está falhando, a menos que uma rápida ação radical seja tomada. Quando desenvolvemos a metodologia PCI, nós podíamos ter colocado esse fator crítico de sucesso logo no centro, em vez dos fatores organizacional e local, porque ele influencia intensamente os outros cinco fatores de sucesso. Processos de engajamento são centrais para mudanças de sucesso.

Os quatro componentes de um processo de engajamento são:

- Envolvimento
- Aprendizado
- Recompensas
- Comunicação

Envolvimento

Em 1975, um famoso estudo liderado por Ellen Langer demonstrou a importância do envolvimento autosselecionado. Pesquisadores venderam bilhetes de loteria de $ 1 a participantes selecionados. Em um grupo, os bilhetes foram entregues aos participantes aleatoriamente, enquanto as pessoas no outro grupo puderam escolher seus bilhetes. Alguns dias depois, Langer voltou a contatar as pessoas e pediu para comprar os bilhetes de volta. Os donos dos bilhetes que haviam sido distribuídos de forma randômica toparam vender os bilhetes, em média, por $ 2. Aqueles que tinham escolhido os próprios bilhetes, por outro lado, pediram em média $ 9 pelo bilhete de $ 1. Langer atribuiu isso a uma ilusão de controle causada por *"uma expectativa de probabilidade de sucesso pessoal inapropriadamente maior do que a probabilidade objetiva garantiria"*.

Nós podemos tirar duas conclusões a partir desse estudo. Primeiro, as pessoas valorizam mais o que podem escolher do que algo dado a elas sem sua intervenção em uma taxa de quatro para um. Segundo, ilusão ou não, questões de controle e envolvimento podem ser uma forma muito poderosa de dar às pessoas o senso de controle. E isso é o que o envolvimento cria na mudança: apropriação e controle.

Figura 7.1: A "roda" Changefirst: FCS 3 — Processos de engajamento

Tal como ajudar as pessoas a manterem um senso de controle, o envolvimento é importante para mudanças de sucesso porque você pode criar um compromisso com a mudança. As pessoas têm muito mais chance de adotarem um processo em que participaram da criação. Anos atrás, nós costumávamos fazer mais consultorias do que agora. Um dos serviços que costumávamos oferecer era uma *"oficina de mudança"*. Basicamente, as organizações nos procuravam se sua mudança não estava funcionando e pediam ajuda para voltá-la aos trilhos. Nós geralmente perguntávamos ao cliente se ele já havia consultado as pessoas afetadas pela mudança para enxergar que dificuldades estavam tendo e por que aquelas pessoas pensavam que a mudança não estava funcionando. Quase sem exceção a resposta era *"não"*. Invariavelmente, o cliente não queria retroceder e tomar esse crucial próximo passo, então o fazíamos por eles. Íamos direto às pessoas mais afetadas pela mudança e perguntávamos a elas, em pequenos grupos, que dificuldades estavam tendo e por que achavam que a mudança não estava funcionando. Quase sempre elas conseguiam nos dizer muito claramente o que estava errado com a mudança e — mais importante — como ela poderia ser consertada. Em praticamente três quartos dos casos, tudo o que tínhamos de fazer era construir um processo de implementação a partir de seus pontos de vista. Tivemos, então, equipes de departamento de almoxarifado projetando seu próprio programa de implementação, pessoas de vendas projetando um desdobramento CRM, equipes multifunções reprojetando processos de negócios e executivos analisando o que deu errado. É disso que trata o envolvimento. Trata do engajamento de pessoas para se apropriarem e acelerarem a mudança. Ademais, tem o positivo efeito indireto de fazer os colaboradores se sentirem mais valorizados e engajados com a organização.

E consequentemente é por isso que saímos da área de consultoria. Essas organizações e as pessoas dentro delas já sabiam o que precisavam mudar; não precisávamos cavalgar em um cavalo branco e salvar o dia. Claro, nós podíamos receber o crédito e o dinheiro e cobrir o fato de glória, mas o verdadeiro crédito pertencia às pessoas na empresa. Elas sabiam as soluções antes mesmo de chegarmos; apenas ninguém tinha perguntado a elas. Por que contratar consultores para dizer o que seu pessoal já sabe? O que as organizações realmente precisam é desenvolver a capacidade de mudança para que possam estruturar um sistema comprovado em cima das mudanças e obter sucesso. E é isso exatamente o que faz o PCI.

Tanto quanto aperfeiçoar o comprometimento, você também pode melhorar a qualidade da mudança. Duas cabeças (ou mais) são geralmente melhores do que uma. Tentar implementar uma mudança sozinho ao fazer comunicações às pessoas não dá conta das outras perspectivas que poderiam ser realmente cruciais ao sucesso da mudança. Deduzir que você saiba todas as respostas é raramente útil para criar uma mudança ou negócio duradouro.

A dedução é que o envolvimento demora uma eternidade, mas ele pode na verdade ser mais rápido do que fazer comunicações às pessoas — embora eu tenha demorado muito tempo para perceber isso. Minha epifania veio em uma tarde ensolarada em San Diego. Eu estava no porto com minha antiga empresa. Nós passaríamos a tarde competindo com os iates da Copa América; metade da equipe de cada iate foi substituída por colaboradores da empresa. Deram-me o posto de *"estrategista"*. Como tal, eu não deveria me preocupar de como o barco estava indo ou sua velocidade, mas tinha de planejar nossa estratégia geral de corrida e planejar as viradas. Na primeira corrida, estávamos na frente e nos aproximávamos do muro do porto. Então eu sinalizei a virada — *"30-20-10-virem!"* —, mas, do nada, o outro barco que estava atrás de nós de repente surgiu em nossa frente. Naquela tarde, o combinado era a melhor de três corridas, então após a primeira o capitão reuniu todo mundo e analisou o que tinha dado errado. Um fator importante nesse esporte é que você só tem cerca de trinta segundos para tomar uma decisão de virar. Logo que começou a discussão, o capitão me perguntou: *"O que deu errado?"*. Eu disse: *"Eu não sei; parece que a gente virou devagar demais"*.

Então o capitão fez a todos os demais a mesma pergunta. A resposta, para uma pessoa, foi: "*David não nos consultou*". E o capitão perguntou: "*Então quais são as consequências disso?*". Todos concordaram que significava que eles não estavam prontos. Eu estava obviamente na defensiva, então perguntei: "*Mas como eu posso consultá-los em trinta segundos?*". A sugestão foi que eu simplesmente deveria percorrer o barco e perguntar a todos se estavam prontos e se estava em boa hora. Eu concordei em tentar.

Nós partimos para a segunda corrida e conforme nos aproximamos do muro do porto, cerca de sessenta segundos antes, passei por todos os 16 membros da tripulação e perguntei se estavam prontos. Então "*30-20-10-virem!*" — e vencemos a corrida, e vencemos a próxima também. Foi uma boa lição para mim sobre engajar as pessoas. Não tinha a ver com falta de tempo ou facilidade, tinha a ver com meu pensamento e disposição para ouvir. Na verdade, eu não os havia consultado, eu não entrei em um longo debate sobre o que precisava ser feito — apenas os envolvi e fiz se sentirem parte do processo. E é a mesma coisa nos negócios. Com frequência, agentes de mudança esquivam-se de longas conversas porque parece trabalhoso demais. Mas, conforme me mostrou minha experiência no iate, não precisa ser assim.

Muitas vezes vemos a mudança atropelar o envolvimento, em vez de ser desacelerada. O envolvimento cria um impulso que por sua vez mantém a mudança em andamento. Isso foi reforçado por algumas pesquisas de Ernst e Young de reengenharia de processo, no final dos anos 1990. Elas mostraram que quando havia um alto envolvimento nos estágios de criação e implementação da mudança, então essa era mais rápida.

Envolver as pessoas cria níveis gerais mais altos de engajamento dos colaboradores e provavelmente agrega à soma total das pessoas de sentirem-se engajadas à organização. Em outras palavras, sua lealdade e *"aderência"* à empresa são desenvolvidas, seu senso de propriedade é auxiliado e elas se sentem valorizadas. Isso pode ser especialmente importante durante a mudança, quando os sentimentos de incertezas são altos. Se as pessoas sentem um grau de lealdade para com a organização e se sentem valorizadas e apreciadas ao longo do processo de criação, elas têm muito mais chance de acomodar as mudanças e de ajudarem os outros a fazerem o mesmo. Elas ficam do seu lado.

Como envolver com sucesso as pessoas
Existem alguns fatores ou princípios cruciais para considerarmos. Vamos passar por eles.

Seus *sponsors* estão dispostos a envolverem outras pessoas? Para o envolvimento ter sucesso, os líderes têm de adentrar as estratégias de envolvimento com disposição. Nos piores casos, você tem de aceitar que algumas pessoas nunca conseguirão; elas sempre considerarão o envolvimento como uma completa perda de tempo. Elas acreditam que as pessoas lhes dirão o que elas querem ouvir, que levará tempo demais, que as pessoas não têm as habilidades ou que o envolvimento será muito difícil. Essas são atitudes que podem ser difíceis de mudar. Se você espera que o processo seja uma perda de tempo, então as chances são de que ele será. Foi o sociólogo Robert Merton que cunhou o termo *"profecia autorrealizável"*. Em seu livro *Social theory and social structure*[25] ele afirma: "A *profecia*

---

25 Teoria social e estrutura social. (N.T.)

autorrealizável é, no começo, uma falsa definição da situação evocando um novo comportamento, o que faz a falsa concepção original virar realidade. Essa validade especial da profecia autorrealizável perpetua um reino de erro. Pois o profeta irá intimar o curso atual de eventos como prova de que estava correto desde o início". Em outras palavras, se você se decidir que o envolvimento e a consulta são perdas de tempo, consequentemente irá alterar seu comportamento e ações. Você se engajará pela metade ou cheio de cinismo, o que garantirá a perda de tempo. Então vai alegremente pregar a quem quiser ouvir o quão *"correto"* você estava.

O momento é o ideal e essa é uma questão com a qual as pessoas podem colaborar? Se você for fazer uma aquisição, então não irá querer perguntar a todos os colaboradores na empresa sua opinião: *"Deveríamos fazer essa aquisição? O que você acha da nossa estratégia de crescimento?".* Mas, muitas vezes, equipes de transição pós-fusão de ambas as organizações entrando em acordo sobre questões específicas provaram ser altamente eficientes.

Você tem alguma questão empresarial ou problema que precisa ser resolvido? No curso do meu trabalho, eu compareço a algumas conferências de empresas. Tem sempre aquele momento horrível quando um facilitador diz: *"Certo, nós separamos um flipchart para cada mesa e queremos que vocês escrevam todas as suas ideias para X, Y ou Z e com as quais vamos alimentar o processo de planejamento organizacional".* Todos naquela sala com mais de trinta anos sabem que estão prestes a perder uma hora de suas vidas. Eles nunca mais verão ou terão notícias dessa lista. O pior é que podem lhes perguntar a mesma coisa no ano seguinte. Isso é típico de onde o envolvimento pode dar errado. Ele precisa ser focado em uma questão empresarial real. Deve-se pedir às pessoas para produzirem algo que resolverá essa questão, e deve ser dito o que aconteceu com seu trabalho se não for imediatamente óbvio. Tentar envolver as pessoas em discussões genéricas "*de melhorias*" é uma perda de tempo. Apenas envolva as pessoas quando isso tem significância e algo concreto sairá da reunião. Uma pesquisa do final dos anos 1990 da *Business Intelligence Organisation*[26] do Reino Unido mostrou que cerca de 90% das iniciativas da Gestão da Qualidade Total (da sigla em inglês, TQM) falharam em alcançar benefícios às organizações envolvidas. A principal razão foram muitos projetos, ideias demais e poucas dessas ideias implementadas pela organização, levando ao cinismo dos colaboradores e à resistência dos gestores.

Em seu livro de 1990, *Hocus pocus*, Kurt Vonnegut escreveu: "*As pessoas nunca são mais fortes do que quando imaginaram seus próprios argumentos por acreditarem no que acreditam. Elas permanecem em seus dois próprios pés, dessa forma*". De algum modo, existe uma simples verdade humana de que as pessoas querem e gostam de estarem envolvidas em questões que as afetam. Um envolvimento de sucesso aumenta a apropriação e a percepção de controle, e constrói um comprometimento real. Nosso desafio é descobrir caminhos para conquistar isso nas grandes mudanças.

Aprendizado
Recentemente fui visitar uma empresa que estava passando por uma mudança tecnológica substancial. Ao caminhar por

---

26 Organização de Inteligência Empresarial. (N.T.)

ela com meu anfitrião, passamos por uma típica sala de aula com participantes sentados em mesas em formato de U, de frente para o instrutor, na frente da sala. Ele estava dando o seu melhor, com mais de duzentos *slides*.

Você provavelmente conhece bem a apresentação: montes de indicadores e diagramas complexos abarrotados, como se deixar alguma parte do *slide* vazia fosse algum tipo de pecado. Os participantes estavam aprendendo sobre "*o sistema*".

Quando pedi para ver a pauta, ficou muito claro que estavam passando por dois dias de treinamento técnico pesado com pouco foco nos comportamentos que precisariam para terem sucesso, nenhuma tentativa de construir seu comprometimento com a mudança e uma suposição massiva de que os participantes seriam capazes de começar a produzir na próxima semana, quando o sistema fosse instalado. Ninguém, nem o instrutor, parecia muito confiante de que isso aconteceria com algum grau de sucesso.

A maior parte das mudanças necessita de novas habilidades e atitudes que as pessoas precisam aprender. Entretanto, o aprendizado também pode ser uma barreira à mudança. Ed Schein, um dos grandes contribuintes da psicologia organizacional, se refere a isso como ansiedade do aprendizado e ansiedade da sobrevivência. A ansiedade do aprendizado vem do medo de se tentar algo novo por ser considerado difícil demais, que pareceremos bobos diante de nossos colegas, ou de que teremos de romper antigas formas de trabalho que sempre nos serviram bem. Ansiedade do aprendizado pode, portanto, ameaçar nossa autoestima.

Ao dar às pessoas tempo suficiente para aprender, você reduz as ansiedades do aprendizado e permite a elas tempo para se ajustarem e melhorarem, até o momento em que não se sintam mais tão ameaçadas. Esperar que as pessoas aprendam novas habilidades da noite para o dia e se tornem proficientes nessas habilidades dentro de uma semana ou duas é desmedido. Você tem de dar às pessoas tempo para se adaptarem, experimentarem e melhorarem sem a pressão da avaliação.

Como fazer o aprendizado trabalhar para você

Tente se certificar de que o imperativo da mudança é mais forte do que qualquer ansiedade que as pessoas tenham sobre o aprendizado. Construa esse imperativo no treinamento. Lembre às pessoas o tempo todo por que ele é tão importante. Faça com que elas lhe digam por que é tão crucial.

Conecte-se às pessoas através de suas necessidades pessoais. Por exemplo, nós estivemos envolvidos em um projeto com uma organização de viagem. O agente de mudança percebeu que os representantes de vendas via telefone não estavam se beneficiando com o novo sistema de serviço ao consumidor (o projeto foi chamado de "*Marte*"). Eles ficaram entediados com o treinamento e viam as novas formas de operação como indevidamente complexas e burocráticas. O agente interrompeu o desdobramento do treinamento e redesenhou o *workshop* ao redor de "*como vender mais usando o Marte*". O novo treinamento foi incorporado pelos representantes de vendas porque o sistema lhes foi contextualizado, e mostrou-lhes formas de fazer mais vendas, e, portanto, de terem mais comissões. A virada na perspectiva de treinamento realmente os fez se concentrarem mais nele. Cinco meses depois de Marte ser implementado, as vendas aumentaram 12%.

O aprendizado pode ser uma forma poderosa de engajar as pessoas na mudança. Se as pessoas que devem implementá-la podem ver os benefícios na prática, elas têm muito mais chances de sustentarem a mudança, especialmente se aqueles benefícios as afetam pessoalmente. Se, por exemplo, alguém usa um novo sistema de TI e percebe que ele economiza uma hora de seu dia ou remove a necessidade de uma tarefa entediante, então eles irão continuar usando o sistema e provavelmente irão estimular os outros a fazerem o mesmo.

Deixe o aprendizado o mais fácil possível. Você pode fazer isso ao saber que adultos aprendem melhor com ações. Tenha poucos dados e faça as pessoas praticarem em cima de casos reais. Outra característica dos *wokshops* do *"Marte"* mencionados anteriormente foi que as pessoas praticaram em situações reais. Você também pode manter o aprendizado em sessões curtas. Use *e-learning*, com bom custo-benefício, para ensinar às pessoas sobre fatos básicos, mas coloque-as cara a cara para trabalhar com aplicação, mudança de comportamento e para lembrá-las do imperativo.

Criteriosamente, disponibilize tempo suficiente para o aprendizado e prática de novas habilidades antes de as pessoas serem consideradas responsáveis. As pessoas adotam novas habilidades de comportamentos de diferentes formas e você tem de dar a elas tempo suficiente para integrar o novo aprendizado à sua vida diária. Não é realista esperar que alguém aprenda algo na segunda-feira e o execute sem erros na sexta. Nossos dados mostram que uma das formas mais fáceis para levar as pessoas à resistência é julgar seu desempenho cedo demais. Dê a elas tempo para assimilar o que aprenderam, caso contrário sua ansiedade será pressionada.

O aprendizado pode ter muitas formas, então as combine com as pessoas envolvidas. Você pode usar *workshops*, treinamento *on-line*, consultoria e um bem estruturado aprendizado prático. Por exemplo, um grande cliente nosso da área de telecomunicações estava tendo dificuldades de engajar as pessoas em seu *e-learning*. O problema é que as pessoas passavam muito tempo na frente de telas de computador e também não queriam aprender dessa forma. Transferir o aprendizado para um ambiente de sala de aula teve muito mais sucesso; elas queriam interagir e conversar com os colegas. Foi também uma ótima forma de engajar as pessoas na mudança. O aprendizado pode ter um papel vital em engajar as pessoas e ajudá-las a construir comprometimento com a mudança.

Finalmente, deixe o aprendizado o mais prático possível. As pessoas aprendem bem quando podem fazer conexões com o que conhecem e podem aplicar o aprendizado na sequência. Entretanto, não exagere. De acordo com o *Washington Post*, um representante de vendas em Utah está processando sua empresa após seu chefe fazer *waterboarding*[27] com ele, como parte de uma dinâmica de grupo. Após a demonstração, o chefe teria dito: *"Vocês viram o quanto Chad lutou para conseguir respirar. Quero que vocês voltem lá para dentro e lutem da mesma forma para conseguirem as vendas".*

Recompensas

As recompensas são verdadeiros desafios para agentes de mudança. Pode parecer muito lógico, mas é difícil para se fazer bem feito. Os dados que coletamos dos clientes são muitos consistentes nesse ponto e afirmam que recompensar as pessoas continua sendo um dos mais altos fatores de risco na mudança.

---

[27] Espécie de técnica de tortura, em que é colocado um pano no rosto da vítima e despejada água por cima, simulando afogamento. (N.T.)

A *"lógica"* é que a maior parte das iniciativas de mudança requer esforço extra das pessoas. Precisamos estabelecer novas metas e encontrar diferentes formas de trabalho e de comportamento. Por exemplo, você poderia recompensar uma mudança de comportamento, conquista de metas, envolvimento ativo na mudança e a disposição para testar e conduzir novas abordagens. As organizações deveriam buscar recompensar o esforço extra e qualquer conquista bem-sucedida dos objetivos. Reciprocamente, também precisamos enviar uma forte mensagem de que antigas formas de trabalho e resistência à mudança não serão recompensadas.

A lógica continua com a afirmação de que as recompensas ajudam a estimular as pessoas a mudarem de comportamento e a reforçar novos comportamentos positivos. Em outras palavras, as recompensas conduzem a mudanças positivas ou — na pior das hipóteses — a mudança irá hesitar ou falhar se não estiver alinhada com as recompensas que as pessoas receberem. A lógica claramente supõe que, se você pode incentivar alguém a mudar, ela mudará mais rápido e melhor.

Tudo isso acima está *"geralmente"* correto. O único problema é que a maior parte dos agentes de mudança pode fazer pouco para influenciar recompensas financeiras dentro da organização.

Existem diversas razões para isso. Na maior parte das organizações, o sistema formal de recompensa é estabelecido anualmente. Então se você é o agente de mudança de um grande projeto que impacta quase toda a organização, você pode incorporar esse projeto nas metas pessoais de desempenho, o que provavelmente atrairá a atenção das pessoas. Mas para a maioria dos projetos isso não é possível. Além disso, certamente parece difícil mudar esquemas de compensação para indivíduos ou grupos. Mesmo que você consiga, esquemas de compensação dessa natureza são muito difíceis de serem obtidos. Muitas vezes, a lei das consequências involuntárias surge — na qual você quer obter um resultado, mas inadvertidamente estimula outro tipo de comportamento. E a última razão é que a maior parte das empresas conduz programas múltiplos de mudança e fica quase impossível alinhar planos de compensação com todas as atividades.

Mas a boa notícia é que você pode estimular *sponsors* a darem pequenas recompensas que não estejam vinculadas ao sistema de compensação da empresa. Nosso trabalho sugere que pequenas recompensas podem ter um efeito desproporcional.

Quatro maneiras para fazer as recompensas funcionarem

Quando discutir recompensas, é fácil supor que a única recompensa válida seja a financeira. Não é. Existem quatro outras formas de usar recompensas para facilitar e acelerar a implementação de mudanças de sucesso. Aqui estão:

1. Ultrapasse a expectativa das pessoas. A satisfação é geralmente a brecha entre o que se recebe e o que se espera. Em outras palavras, a satisfação é igual à percepção menos a expectativa. Pequenas recompensas podem ter um grande impacto sobre uma visão favorável das pessoas sobre a mudança. Eu me lembro de estar em uma reunião com um CIO europeu e sua equipe discutindo recompensas. Inicialmente, as pessoas estavam muito céticas sobre o assunto, mas quando lhes pedimos para

pensarem novamente sobre o que já havia funcionado para elas no passado, elas começaram a fazer uma lista de coisas que acreditaram ter sido eficazes. Isso variava de cartas do CEO aos membros de equipes de projetos, confraternizações improvisadas, pequenas recompensas financeiras, tais como presentes simbólicos, agradecimentos em público (*"fez eu me sentir ótimo"*) e pequenos presentes enviados a cônjuges ou parceiros para reconhecer que aqueles membros de equipes de projetos estavam trabalhando 16 horas por dia. As pessoas na equipe então falaram sobre o efeito positivo que essas recompensas tiveram nelas *versus* a possibilidade de um pequeno aumento de salário ou até mesmo de uma bonificação, que poderia estar vinculada a muitos fatores. Surpreendentemente, as pessoas não têm de custar uma fortuna, mas isso pode facilitar o processo de mudança enormemente.

2. Dê recompensas assim que possível após um resultado. Pequenas recompensas devem ser dadas muito próximas ao evento que as justificou — então se algum *sponsor* flagrar alguém fazendo algo com sucesso, ele deveria tentar recompensá-lo dentro de algumas horas ou dias. Isso tende a ser muito mais motivacional do que uma recompensa tardia. Compare isso com o processo de bonificação anual, quando você pode completar um projeto em fevereiro e receber uma recompensa em janeiro do ano seguinte. Ninguém nem sequer se lembra por que estão sendo recompensados.

3. Faça com que as recompensas sejam apropriadas. Pense quando vai a um jantar na casa de um amigo. Seu

anfitrião cozinha uma ótima refeição e ao final você tira £ 30 e diz: *"Isso é para agradecê-lo pela ótima refeição".* Seu anfitrião provavelmente ficaria muito ofendido. Mas se você levar uma garrafa de vinho de £ 30 ela será aceita com satisfação e da forma esperada. Ainda existe algo de mágico em receber um cartão de agradecimento escrito à mão; talvez porque hoje sejam tão raros, com os e-mails e mensagens de texto. Mas esse pequeno esforço pode fazer uma grande diferença para as pessoas e pode fazê-las se sentirem bem por dias. A razão pela qual o cartão ou a garrafa de vinho são tão eficazes é porque são presentes sociais e £ 30 é um preço de mercado. Eles os vêm com diferentes expectativas, implicações e contratos não verbais. Dadas apropriadamente, pequenas recompensas podem ser muito mais poderosas do que dinheiro.

4. Faça as recompensas parecerem pessoais. Isso se soma à ideia de serem apropriadas. Uma vez eu estava em um jantar com uma equipe de agentes de mudança quando eles já tinham concluído três quartos do projeto, e tudo correndo bem. Um dos principais *sponsors* tinha organizado o jantar. Ao final da refeição, ele fez um discurso breve, mas muito atencioso, sobre como estavam indo bem e então entregou, a cada pessoa, um pequeno embrulho. Dentro estava uma caneta com o nome do projeto gravado. Todos ficaram encantados. Mas ao conversar com a equipe no dia seguinte, ficou claro que, embora a caneta fosse um bom presente, o que realmente os tinha impressionado foi o cuidado que o *sponsor* tinha tido com o presente. Para eles, tinha sido muito

pessoal. Não era algo que a organização havia oferecido, mas algo que seu *sponsor* tinha dado. Isso fez a recompensa ser muito mais motivacional.

Comunicação

Em nossa experiência, as pessoas podem ficar confusas sobre o propósito da comunicação nas mudanças. O uso primário da comunicação nas mudanças é para criar clareza. Você tem de se certificar de que todos ao menos compreendam o que você está tentando alcançar. Uma comunicação bem planejada também pode ajudar as pessoas a se sentirem otimistas em relação a uma mudança e minimizarem o impacto da resistência. O contrário também é verdade: uma comunicação fraca ou mal executada causará ou fortalecerá uma resistência.

O problema é que a comunicação é geralmente a única coisa que os líderes pensam quando se trata de criar engajamento. Agentes de mudança com desempenho ruim são geralmente grandes fãs de *slides* e e-mails que não são abertos ou são lidos por cima, na melhor das hipóteses. Eu trabalho na área de mudanças há mais de 25 anos e ainda estou para conhecer uma única pessoa que leu uma apresentação por e-mail e foi motivada por ela a mudar. Na melhor das hipóteses, isso é visto como um mal necessário. Seu uso excessivo vem de um pensamento de que se o caso for apresentado da forma mais lógica possível, então as pessoas, sendo racionais, irão se envolver e tomar as ações apropriadas. Esse tipo de "comunicação" também é usado como um cartão corporativo do tipo "saída livre da prisão".[28] Os envolvidos com a mudança podem

---

28 Referência à carta do jogo *Banco imobiliário*. (N.T.)

continuar em seus escritórios respectivos com as portas firmemente fechadas, seguros no conhecimento de que quando perguntados, eles podem dizer: *"Bem, não foi minha culpa; eu disse a todo mundo o que estava acontecendo".* Na verdade, eles não disseram a todo mundo — eles a enviaram através de uma apresentação por e-mail. Isso não é comunicação; isso é se esconder atrás da tecnologia.

Um grande número de organizações se tornou muito confiante em comunicação escrita, algo que vai contra a necessidade humana de diálogo. Nós respondemos à comunicação de mão dupla, então encontrar uma forma para oferecer uma conversa é um passo crucial para processos de engajamento.

Quatro formas de comunicar a mudança efetivamente
Aqui estão quatro formas de ser eficaz ao comunicar a mudança.

1. Use uma comunicação face a face e de mão dupla, sempre que possível. As pessoas valorizam o diálogo e a conversa. Demora muito mais do que e-mails, mas é infinitamente mais eficaz. Tente evitar ir a todas as reuniões com apresentações detalhadas e bem preparadas. Elas inibem o diálogo. Inicie uma conversa com as pessoas. Quando eu estava trabalhando no *turnaround*[29] de uma empresa de seguros na Califórnia no final dos anos 1980, nós usamos um antigo conceito chamado *"Brown bag lunches".*[30] Basicamente, significava que você pode-

---

29 Ou período de reestruturação. (N.T.)

30 Almoços de saco marrom. Referência ao lanche que as crianças levam para a escola embrulhado em papel pardo. (N.T.)

ria convidar qualquer pessoa que quisesse de qualquer nível da organização para se juntar a você para um sanduíche. Vocês conversariam por não mais do que cinco ou dez minutos sobre a mudança, e então você convidaria outra pessoa para conversar, compartilhar ideias e levantar objeções. Essa abordagem era sempre muito mais poderosa do que fazer apresentações. As pessoas sentiam que tinham uma voz e uma oportunidade de expressar seus pontos de vista. Não era uma panaceia, mas certamente era um início para construir a aceitação da mudança.
2. Possibilite que seus *sponsors* demonstrem um comprometimento real com a comunicação e estejam envolvidos na criação da estratégia de comunicação. Em meus primeiros anos na gestão de mudanças, costumava construir planos de mudança com minha equipe de projetos e então apresentá-los aos times executivos. Eu recebia muitos sinais afirmativos e sons de aprovação: "*Estamos logo atrás de você, lhe apoiando*". E eles realmente estavam atrás — quilômetros atrás, e eu estava sozinho. Logo percebi que a cocriação é crucial ao sucesso. Eu pensava que estava ajudando ao não envolvê-los e ao seguir com os planos, mas isso foi um erro e ainda tenho a cicatriz para provar. Quanto mais os executivos tiverem um papel ativo na construção do plano, mais provavelmente eles terão um papel ativo ao cumpri-lo. E isso não precisa ser um longo processo; ele pode ser feito habilidosa e rapidamente.
3. Elabore mensagens sob medida para atingir a perspectiva do receptor. Nós podemos falar frequentemente

em uma língua que mais ninguém na organização entenda, e as pessoas em diferentes níveis na organização também podem enxergar as questões de maneira diferente. Isso se dá por interesses, histórias, cultura ou experiências diversos. O que as pessoas precisam e esperam também pode variar, dependendo do estágio de sua carreira: por exemplo, aqueles que acabaram de sair da faculdade podem precisar de um diferente estilo de comunicação daqueles que se aproximam da aposentadoria. É seu trabalho conversar com essas diferenças. Se você conseguir se conectar a elas, você tem a oportunidade de transmitir sua mensagem.
4. Busque *feedback* e, quando possível, participe-o. Um de nossos clientes passou por um grande desdobramento de uma mudança há alguns anos. Ela foi passada em efeito cascata pelas regiões de diferentes países. Duas semanas depois, uma agência telefonou a uma amostra de colaboradores de linha de frente em cada país para perguntar-lhes o que sabiam sobre a mudança. A pesquisa forneceu uma riqueza de informações de onde os países tinham comunicado a mudança com sucesso. Os países que não tiveram sucesso precisaram refazer a comunicação e receberam consultoria para ajudá-los a serem mais eficazes.

Planejamento e estratégia de comunicação

Existem quatro componentes para comunicações de mudança de sucesso:

- Marca

- Estratégia
- Plano
- Medição

Marca

Comunicações de grandes iniciativas de mudança frequentemente se beneficiam de uma marca característica. Ela pode criar uma identidade para a mudança e ajuda a criar um entusiasmo inicial, já que simboliza uma ruptura com o passado. Algumas organizações evitam criar marcas para uma mudança porque querem que as pessoas encarem-na como contínua e parte do trabalho diário. Ademais, existe evidência de que marcas de mudança contribuem para o cinismo dos colaboradores perante ela. Todavia, a maior parte das organizações precisa dar um nome para as iniciativas de mudança para facilitar a comunicação. Assim, as questões práticas geralmente têm mais peso do que os aspectos negativos de colocar-se uma marca na iniciativa de mudança.

Estratégia

Uma estratégia de comunicação delineia o que deve ser alcançado com a comunicação e com a abordagem geral. Nossa experiência é que o envolvimento executivo em planejar estratégias de comunicação é crucial para garantir o comprometimento de líderes no cumprimento da comunicação necessária. Uma estratégia de comunicação trataria de tópicos como objetivos, diretrizes, minimização de risco, mensagens-chave, estilo e tom. Ela estabelece a estrutura para um planejamento mais detalhado de comunicação.

Plano

Um plano de comunicação detalha objetivos específicos e atividades para a comunicação de uma iniciativa específica de mudança. Ele é conduzido pelas estratégias de comunicação e é projetado para construir um comprometimento com a mudança, reduzir a resistência e garantir que a implementação ocorra. Ele detalha o público, métodos de execução, quem, quando e onde. Então o plano é muito mais específico, detalhado e tático do que a estratégia.

Medição

A comunicação de mudança comprova que o plano está se tornando realidade. Permite aos agentes de mudança apreciar o efeito que a comunicação está tendo em termos de compreensão, disposição e comportamento. Também lhes permite tomar medidas apropriadas de correção ou de sustentação. Há algum tempo, trabalhamos com uma organização que usava pesquisa de mercado via telefone para descobrir o que havia sido dito aos trabalhadores de linha de frente sobre a mudança. Eles descobriram falhas significativas na compreensão básica da mudança entre diferentes regiões geográficas. Isso permitiu aos agentes de mudança atuar nas regiões de baixa performance para trazê-las ao *benchmark* criado pelas melhores.

Ações-chave para criar processos de engajamento

As questões que você precisa responder para construir processos de engajamento incluem:

1. Você pode usar uma variedade de métodos para engajar as pessoas? Pode ser que você precise usar um misto de métodos de engajamento para construir um comprometimento com sua iniciativa de mudança.
2. Somando ao envolvimento, você pode usar aprendizado, comunicações e recompensas como formas de atrair as pessoas para o processo de mudança? Ter de emitir instruções às pessoas e esperar que elas consintam pode resultar na aceitação da mudança, mas raramente cria comprometimento.
3. Você está usando diferentes abordagens de engajamento em variadas partes da mudança? Por exemplo, recompensas podem ser um desperdício se oferecidas muito cedo no processo; o aprendizado precisa ser oferecido às pessoas quando elas estão prontas para aprender e puderem se beneficiar do investimento.
4. Você construiu um plano de engajamento detalhado como parte de seu planejamento de mudança? O diabo está nos detalhes. Por exemplo, nós vemos muitos eventos de envolvimento falharem por causa de planejamento e preparação inadequados. Uma regra geral é que leva duas vezes mais tempo para planejar um evento do que você acha que levará.

Processos de engajamento permitem às pessoas envolvidas na mudança se tornarem mais comprometidas com ela. Isso dá às pessoas confiança de que a mudança é real e não apenas uma impressão, de que a mudança é crucial, e de que elas terão o tempo suficiente e treinamento apropriado para aprenderem a como usá-la com sucesso. Isso, junto com recompensas por trabalharem da nova forma, logo enfatiza que continuar com o *status quo* é inaceitável. Um processo de engajamento também dá às pessoas diretrizes para que elas saibam exatamente o que se espera delas e como focar seus esforços para o sucesso máximo, o que pode ajudá-las a se sentirem parte do processo de mudança e trazer finalmente o sucesso.

Os três primeiros fatores críticos de sucesso tiveram o foco em como criar planos de mudança organizacionais. Agora é hora de migrar a mudança do nível organizacional para o nível local visando uma implementação completamente bem-sucedida.

PARTE TRÊS

Fatores de sucesso locais — ajudando as pessoas a desempenharem

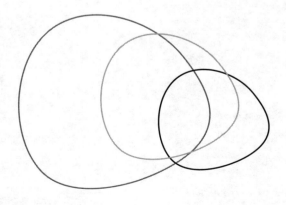

8

Compromisso dos *sponsors* locais — mobilizando gestores e líderes de equipe

Quando se trata de grandes mudanças, existe algo muito fundamental sobre o papel dos gestores e líderes de equipe — a quem chamaremos de *sponsors* locais pelo restante do capítulo.

Figura 8.1: A "roda" Changefirst: FCS 4 — Compromisso dos *sponsors* locais

Mas parece que em muitas organizações esses gestores perderam o poder e são vistos como obstáculos da mudança em vez de facilitadores. Muitas vezes já estive em reuniões ou *workshops* e alguém desenhou o diagrama abaixo.

Figura 8.2: Mudança ineficaz

Basicamente, a história é sempre uma variação do seguinte:

Executivo: *"Esse gestor já criou obstáculos para a mudança no passado. Então vamos contorná-la e ir direto aos colaboradores"*.
Eu: *"O que acontecerá, então?"*.
Executivo: *"Os colaboradores realmente querem mudar e irão pressionar os gestores para concordarem"*.
Eu (ceticamente): *"O que aconteceu no passado quando*

colaboradores pressionaram seus gestores para mudarem?".

Não vou me estender, mas você imagina a cena. O que essa abordagem faz é alienar os *sponsors* locais durante a mudança, deixando-os sem habilidade e desmotivados para liderarem a mudança de maneira eficaz. Eu estive com um executivo sênior de uma empresa há alguns anos, que descreveu o nível de gestores como "*permafrost*".[31] Nós falávamos sobre como melhor executar uma mudança importante por meio de sua organização de forma que a iniciativa de mudança fosse implementada com sucesso. Esse executivo era inflexível ao dizer que transmitir a mudança aos gestores seria como atingir o *permafrost*. Para seu conhecimento, e se tal como eu você não sabia, o *permafrost* cobre uma área considerável do Ártico e tem cerca de quatro metros de profundidade — então não é muito fácil atravessá-lo. Foi uma forma razoavelmente divertida, mas preocupante, de descrever seu nível de gestores. Ele continuou e disse: "*É um grande problema para nós porque toda vez que tentamos engajar o 'permafrost', eles resistem e tentam impedir a mudança*".

Como consequência desse "*permafrost*" — seja real ou uma impressão —, a empresa negligenciou a estratégia de comunicação de mudança, reunindo todos os envolvidos na mudança, do chão de fábrica à gerência, e anunciando a mudança a eles ao mesmo tempo. Nem é preciso dizer que essa estratégia apenas serviu para fortalecer o *permafrost*, acrescentando algumas camadas extras.

Essa questão é extremamente comum e é igualmente prejudicial à organização e às chances de implementar mudanças

---

31 Subsolo permanentemente congelado, também chamado de pergelissolo. (N.T.)

com sucesso. Em vez de tentar envolver os *sponsors* locais e fazê-los apoiar a mudança, ou de pedir a eles para ajudarem a desenhar a solução ou para darem *feedback* sobre estratégias de implementação, os executivos os contornam. Eles anunciam a mudança a todos ao mesmo tempo e depois não sabem por que seus gestores e colaboradores resistem. Essa abordagem é o seu *kit* de "*construa seu próprio* permafrost".

Mudanças ineficazes sempre têm algumas causas em comum. Uma dessas causas é quando os executivos decidem que a mudança é "*segredo*" e então não compartilha as iniciativas com os gestores. Em vez disso, eles dizem a todos, do chão de fábrica aos gestores e colaboradores, ao mesmo tempo para que ela "*não vaze*". Eles então puxam os gestores de lado após o evento e lhes dizem que eles devem ajudar com a mudança. Ou, como um gestor me disse: "*Ontem eu recebi um e-mail anunciando a mudança ao mesmo tempo que as vinte pessoas que trabalham para mim. Ao final, tinha uma nota dizendo 'consulte seu gestor se precisar de mais informações'. É como se eles estivessem deliberadamente tentando me prejudicar*".

Essa abordagem faz todo o possível para deixar o mais difícil possível para o nível de gestores se envolver na mudança. Eles se sentem desvalorizados e sua credibilidade entre as pessoas cai. Ademais, precisa ser alguém muito especial para não dizer: "O que você quer que eu diga? Eu mesmo acabei de ficar sabendo!", ou: "Não há razão em me perguntar nada; eu não sei nada além de você".

Você teria de ser um líder excepcional para dizer algo como: "*Você sabe, eu fiquei sabendo disso junto com você — mas eu tinha certeza que isso aconteceria, tenho pensado sobre isso e apoio totalmente. É a coisa certa a fazer*". Isso seria uma façanha de se conseguir, especialmente quando os executivos têm um *"padrão"* nessa área e já comunicaram anteriormente notícias sobre grandes mudanças desse jeito.

O impacto positivo dos *sponsors* locais

Por outro lado, sabemos que *sponsors* locais podem desempenhar um papel importante na execução da mudança. Eles estão em um lugar estratégico para fazer seguir a pauta da mudança. Por exemplo, eles podem ajudar as pessoas a enxergarem a relevância da mudança, podem transformar a mudança em exemplo para que as pessoas possam enxergar o que se espera delas, e podem fornecer um *"amortecedor"* para dar às pessoas tempo para se adaptarem. Acima de tudo, eles são as pessoas mais confiáveis para o seu pessoal e, portanto, podem ser usados como ouvidores de problemas. Eles podem ajudar a criar um clima positivo para a mudança.

Os dois componentes para a criação do compromisso de *sponsors* locais são a exemplificação local, demonstrando os comportamentos necessários para a mudança em um nível local, e o apoio do gestor local, criando as condições para seu pessoal se comprometer.

Deixe os *sponsors* locais mais eficazes

Nós precisamos que três passos aconteçam para que *sponsors* sejam eficazes. Precisamos trabalhar com *sponsors* organizacionais para construir seus compromissos, precisamos dar a eles as habilidades de mudança para serem eficazes e precisamos ajudá-los a se responsabilizarem pela mudança transformando-a em exemplo e fornecendo apoio prático às pessoas. Vamos examinar esses passos um de cada vez.

Trabalhe com *sponsors* organizacionais para construir seus compromissos locais

Sponsors locais podem efetivamente interromper a mudança com táticas como ignorar a mudança, quietamente expressar sua resistência a outras pessoas, tentar afastar a mudança ao dizer que estão muito ocupados, ou simplesmente reinterpretá-la como algo que eles querem que aconteça. Eu testemunhei isso em 2003.

Fui chamado por uma grande empresa global de manufatura. Seu CEO tinha assumido a responsabilidade pessoal por uma mudança de procedimentos operacionais. Os procedimentos operacionais atuais falharam em impedir um acidente que causou muitos danos ao ambiente ao redor: lembre-se da British Petroleum em 2010 em Louisiana, mas em uma escala bem menor. Ele estava muito chateado com isso e, após fazer tudo o que podia para consertar, reuniu uma equipe para reescrever a política da empresa. Então decidiu que implementaria ele próprio a política, e viajou para cada uma das maiores fábricas, informando às equipes sobre a necessidade de mudança e, em especial, sobre a importância de que os novos procedimentos fossem seguidos.

Algum tempo depois, ele soube que uma das fábricas tinha quase causado um acidente fatal. Quando o incidente foi auditado, ele descobriu que os gestores tinham na verdade ignorado os novos procedimentos. Ele me perguntou se eu me importaria de ir à fábrica e reportar a ele por que isso havia acontecido. Então um de nossos consultores foi à fábrica e entrevistou todas as pessoas-chave, com exceção do gerente de fábrica, que desde então havia deixado a empresa. O consultor voltou, escreveu um breve relatório e o apresentou ao CEO. O relatório tinha algumas páginas de extensão e era muito simples em suas conclusões. O que havia acontecido é que quando o CEO deixou a fábrica após sua apresentação, o gerente de fábrica reuniu os supervisores e disse-lhes que os novos procedimentos operacionais não eram adequados à fábrica. De acordo com eles, seu país, sua cultura e sua forma de trabalho eram diferentes do que imaginava o CEO. Então, embora o CEO tivesse boa intenção, seu plano causaria dificuldade demais.

Após o CEO se acalmar, exploramos o que teria causado isso. No cerne do problema, estava a percepção de que o CEO tinha muito menos poder real na fábrica do que o gerente de fábrica. O gerente de fábrica contratava, promovia, demitia e recompensava as pessoas; o CEO era um homem que vinha da Europa e uma pessoa que até mesmo muitos dos supervisores não reconheceriam. Tudo o que ele trazia consigo eram palavras e *slides*, mas nenhum poder perceptível — assim, naturalmente eles seguiram o gerente de fábrica. Isso então foi posto em prática. O CEO precisava, antes de tudo, construir o comprometimento dos gerentes de fábrica para fazer a mudança funcionar. Ele só poderia fazer isso quando tivesse recebido seus relatórios diretos de apoio à mudança. Não há nada muito criterioso aqui, mas uma compreensão de que para ter sucesso você precisa sempre tratar *sponsors* locais como pessoas que precisam construir seu próprio comprometimento primeiro, antes de você esperar que elas ajudem os outros a se comprometerem e se adaptarem.

Dê aos *sponsors* locais as habilidades de mudança para serem eficazes

É muito importante que *sponsors* locais possam preparar e ajudar seu pessoal diretamente. Se eles não tiverem essas habilidades, então você precisa providenciar um treinamento para eles. Treinamento de *sponsor* geralmente recai sobre três categorias e pode ser complementado por agentes de mudança apoiando os *sponsors* para seu trabalho. Os três tipos de treinamento incluem:

- Ajuda com habilidades de liderança de mudança. Como os *sponsors* podem liderar a mudança efetivamente?
- Assistência de como ajudar as pessoas a se adaptarem à mudança. *Sponsors* precisam aprender como as pessoas se adaptam à mudança e as táticas que podem usar para ajudá-las.
- Finalmente, ajuda com suas próprias reações pessoais à mudança. Nós chamamos isso de *"colocar sua máscara de oxigênio primeiro"*. É um pouco como o que dizem em um avião durante a demonstração de segurança: quando as máscaras de oxigênio caírem, você precisa se ajudar primeiro antes de ajudar os outros. Nós acreditamos que seja crucial ajudar os *sponsors* a se tornarem mais flexíveis. Gestores menos flexíveis terão dificuldades para ajudar seu próprio pessoal durante momentos de incerteza.

Ajude os *sponsors* a mudarem transformando a mudança em exemplo e fornecendo apoio prático aos seus colaboradores

Se uma mudança envolve usar um novo sistema de gerenciamento de relacionamento com o cliente e o *sponsor* local ainda usa o antigo sistema, ele não pode ficar surpreso se os

Compromisso dos *sponsors* locais — mobilizando gestores e líderes de equipe

outros usuários continuarem também com o antigo sistema. Mesmo se o *sponsor* local os repreender por esse comportamento, os usuários não mudarão a menos que possam ver seu líder exemplificando a mudança que ele quer que façam.

Transformar a mudança em exemplo é um elemento básico da teoria de gestão de mudança convencional. Afinal, é senso comum — você não pode honestamente esperar que os outros façam algo que você próprio não faz. Existem, entretanto, desafios associados a essa transformação da mudança em exemplo.

O primeiro é a falta de autoconsciência do *sponsor*. Nesses casos, *sponsors* pensam que estão transformando a mudança em modelo, quando não estão. Em uma discussão recente, um cliente me disse que estava envolvendo seu pessoal porque a mudança visava criar uma organização mais enxuta, porém mais baseada em trabalho em equipe e em conhecimento. As pessoas precisariam trabalhar de forma mais autônoma e colaborativa. Ele disse que estava *"dando o exemplo"* ao estar mais envolvido, mais consultivo. Eu descobri, bem rapidamente, que ele apenas estava fazendo isso com um pequeno grupo de uns 15 especialistas seniores e não com a equipe toda. O restante da equipe, cerca de 150 pessoas, tinha recebido o que aparentemente era um conjunto normal de comunicações escritas sobre a mudança. Em outras palavras, eles foram ordenados a mudar. Eu tentei ajudá-lo a enxergar o que tinha acontecido através da visão dos 150, não dos 15. Ele começou a enxergar como o seu *"modelo"* poderia estar enviando mensagens contraditórias.

A segunda questão que vemos muitas vezes é que *sponsors* não sabem como transformar uma mudança em modelo.

147

Há alguns anos, eu falava sobre a necessidade de transformar uma mudança em modelo com um grupo de executivos em uma empresa sul-africana que estava implementando o SAP.[32] Eles todos balançaram a cabeça afirmativamente em aparente concordância — até que uma corajosa alma finalmente disse que não tinha ideia de como exatamente transformar em exemplo os comportamentos que ele precisava para que o SAP fosse implementado. Ele via a importância de fazê-lo, mas não tinha ideia de como proceder. Então começamos um *brainstorming* para listarmos as possibilidades. Duas horas depois, tínhamos uma lista de cinco ações que poderiam ser tomadas para que de fato a equipe visse seu comprometimento ao SAP. Você, como agente de mudança, precisa ajudar os *sponsors* com essa transição.

Um dos papéis fundamentais do *sponsor* local é de criar pessoalmente as condições para as pessoas abraçarem a mudança e se tornarem comprometidas com a implementação de sucesso. O trabalho do *sponsor* local é descobrir como fazer com que as pessoas se comprometam com a mudança e mudem seu comportamento. Então, por exemplo, um agente de mudança estava ajudando uma empresa de tecnologia no desenvolvimento de um novo processo de manufatura. Ela desenhou uma série de *workshops* para serem realizados em cada fábrica, para ajudar os gerentes de fábrica a construírem o plano de implementação. Os gerentes de fábrica tinham de realizar aquele *workshop* em suas próprias locações, então era imperativo que eles estivessem envolvidos. Para facilitar o processo, todos os gerentes de fábrica foram trazidos para uma

---

[32] SAP: empresa multinacional de origem alemã desenvolvedora de sistemas integrados de gestão empresarial. (N.T.)

locação central e mais *sponsors* seniores estavam a postos para construírem o compromisso com a mudança. A agente de mudança também deu a eles algumas das ferramentas de PCI para ajudá-los a voltar e sustentar a mudança. Esse processo os fez sentirem-se valorizados e eles se sentiram capazes de voltar e transmitir a mudança por meio de sua área local.

Ações-chave para criar o compromisso dos *sponsors* locais

As questões que você precisa responder para criar *sponsors* locais incluem:

1. Você engajou os *sponsors* locais à mudança antes de anunciá-la ao restante da equipe? Você pode envolvê-los na elaboração e planejamento da implementação?
2. Você conferiu o quão comprometidos eles estão, antes de prosseguir com a transmissão da mudança? Você precisa de mais treinamento e apoio?
3. Você supriu as falhas de habilidades que os *sponsors* podem ter em termos de ajudar as outras pessoas a se adaptarem à mudança? Aumentar a capacidade do *sponsor* local a efetivamente lidar com a mudança trará grandes retornos a longo prazo.
4. Você pode engajar os *sponsors* locais na construção de um plano de implementação para suas áreas?

Que suporte você pode oferecer aos *sponsors* locais conforme eles trabalham com seu pessoal para construírem seus compromissos e ajudá-los a se adaptarem? Tenha muito cuidado para não ser invasivo e assumir o papel do *sponsor* se eles não estiverem apoiando a mudança. Pode ser muito tentador, mas você raramente tem poder suficiente para ter sucesso. Assumir os seus papéis é geralmente um indicador forte de instalação da mudança ou de seu fracasso.

Quando você tiver tido tempo de criar o compromisso dos *sponsors* locais, as pessoas afetadas pela mudança serão capazes de se conectarem a ela. Com frequência, os projetos de mudança iniciados no nível organizacional podem ser abstratos e distantes. Ter *sponsors* locais para traduzir a mudança em linguagem significante e mostrar às pessoas como é relevante para seu trabalho diário em um nível local é fundamental para o sucesso.

Sponsors locais comprometidos também estão à disposição para disseminar informação fundamental de mudança antes de rumores e informações errôneas terem a chance de descarrilar o processo, e eles também podem reiterar o imperativo de mudança quando tudo parece difícil demais e o conforto de antigamente pareça tentador. Esses indivíduos agem como um útil amortecedor entre as pessoas na base, as que trabalham com a mudança diariamente fazendo a mudança acontecer, e o QG organizacional — então eles geralmente atuam como ouvidores e conselheiros, tudo junto. As pessoas se sentem mais seguras ao se expressarem para um *sponsor* local comprometido do que para o escritório central, e assim têm mais chances de expressarem algum rancor antes que hostilidades e ressentimentos interrompam o processo. Nesse ambiente de mais apoio e de menos formalidade, elas têm mais chance de oferecer soluções em potencial que poderiam então construir um compromisso com a mudança, especialmente se essas sugestões são levadas em consideração ou ao menos acompanhadas. E, finalmente, *sponsors* locais comprometidos podem personalizar a mudança para os indivíduos na base da organização, para que eles possam enxergar como a mudança os beneficiará. Tudo isso funciona como uma plataforma de lançamento para criar o próximo fator crítico de sucesso para a mudança — uma forte relação pessoal.

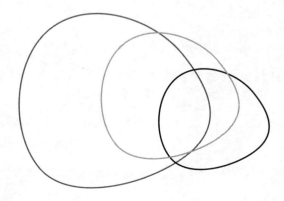

9

Forte relação pessoal — construindo o compromisso pessoal com a mudança

Eu tive uma vez uma experiência interessante que explica a dificuldade de se construir um compromisso pessoal com a mudança. Eu estava conversando com um cliente em potencial sobre seu painel de controle da implementação da mudança. O executivo dessa organização me disse que seu painel de controle estava confuso, mas eles estavam especialmente orgulhosos de uma nova ferramenta de monitoramento de vendas que havia sido implementada no ano anterior. Ele me disse que a ferramenta havia sido implementada em tempo recorde. Não apenas isso, as pessoas pareciam gostar dela, e, o mais importante, ela estava possibilitando formas mais eficazes de gerenciar as vendas por meio de múltiplas regiões geográficas e também possibilitando uma forma de fazer negócio mais focada no cliente.

A parte interessante disso é que um amigo meu é um dos melhores profissionais de desenvolvimento de negócios da empresa. Então da próxima vez que fui tomar um *drink* com ele, perguntei o que ele achava da nova ferramenta de vendas. Ele me disse que não era uma *"ferramenta ruim"*, mas na verdade ele fez o mínimo para corresponder às exigências do sistema. Ele a achou intrusa e teve dificuldades para enxergar como ela melhoraria sua performance pessoal de vendas (e, portanto,

Figura 9.1: A "roda" Changefirst: FCS 5 — Forte relação pessoal

como aumentaria seus incentivos de vendas, é claro). Então ele aceitou que a mudança pudesse ser necessária para *"outras pessoas"*, mas ele não estava pessoalmente comprometido com ela.

A história articula o desafio de se construir um compromisso pessoal. Como traduzir as necessidades da organização em algo que as pessoas possam se envolver? Nossos dados sugerem que apenas 30% das pessoas de fato se comprometem com uma única mudança. Quando revisamos os dados, também descobrimos que essas pessoas que disseram estar comprometidas classificaram suas organizações muito acima quanto a ajudá-las a pessoalmente se conectarem com a mudança e a se adaptarem com a nova forma de trabalho. Ajudar as pessoas a pessoalmente se conectarem à mudança é claramente muito importante.

Existem três resultados positivos ao fazê-lo:

1. Você conquista uma mudança mais duradoura de comportamento mais cedo ao fazer as pessoas se sentirem mais informadas, valorizadas e envolvidas.
2. Você constrói níveis mais altos de controle pessoal. Se as pessoas sentirem uma conexão pessoal com a mudança, elas são capazes de recuperar um senso de controle mais rapidamente.
3. Finalmente, você dá resposta às questões mais básicas das pessoas sobre qualquer mudança: como isso irá me afetar, o que você quer que eu faça e que vantagem isso me traz?

E existem três componentes de uma forte relação pessoal:

1. **Imperativo pessoal** — as pessoas percebendo que pessoalmente precisam mudar.
2. **Viabilidade de solução** — as pessoas acreditando que as mudanças que devem fazer são viáveis.
3. **Ter sucesso** — as pessoas compreendendo como podem ter sucesso.

Princípios para construir um comprometimento

Logo repassarei como você pode construir o comprometimento. Mas antes quero repassar três princípios gerais sobre construir o comprometimento nas pessoas durante grandes mudanças.

O primeiro princípio é que esse é um trabalho mais bem feito pelos *sponsors* locais. São eles que podem se conectar com as pessoas que precisam mudar; nós tratamos disso no capítulo anterior. Você precisa treiná-los, apoiá-los e recompensá-los para fazerem esse trabalho. Se eles não puderem ou não quiserem, você precisa construir primeiramente um plano de compromisso para eles. Tenha muito, muito cuidado ao trabalhar com *sponsors* não comprometidos.

O segundo princípio é que você precisa fazer perguntas às pessoas. Isso parece um simples senso comum, mas geralmente não é prática usual. Empresas de consultoria ganham milhões ao fazerem apenas isso. Você diz a elas que tem um problema com uma mudança. Elas dizem que podem consertá-lo. O que elas fazem é perguntar às pessoas afetadas qual é o problema e, algumas vezes, o que elas fariam para consertá-lo. O consultor então utiliza essa informação para lhe dizer o que você precisa fazer para consertar o problema. Assim como Robert C. Townsend, ex-*chairman* e presidente da Avis Rent-a-Car que escreveu o livro best-seller *Dane-se a organização: a arte de obter mais lucro e mais produtividade com menos burocracia*, ficou famoso ao dizer: "Consultores são pessoas que emprestam seu relógio e lhe dizem que horas são, e então vão embora com o relógio". Mas, você sabe, eles estão fazendo o trabalho da única forma possível: você tem de perguntar às pessoas qual é o problema e, idealmente, como elas o consertariam. Não existe outra forma de descobrir — além da adivinhação, que não é uma boa ferramenta de gestão. Nós constantemente advogamos as perguntas através do uso de nossas ferramentas de pesquisa, discussões de grupo e entrevistas.

O terceiro princípio liga-se ao segundo, e é que você tem de começar por onde as pessoas estão, não por onde você gostaria que elas estivessem. Isso pode parecer *"bobo"*, mas é um trabalho importante. As pessoas observam o mundo através dos chamados *"sistemas de referência"* — um conjunto de ideias às quais se apegam e através das quais outras ideias são interpretadas ou ganham significado. As pessoas usam seus sistemas pessoais de referência para reunir informação, fazer julgamentos e determinar como fazer as coisas. Por exemplo, elas podem ver as questões que causam a mudança de uma forma diferente de você. Elas podem nem mesmo aceitar que exista a necessidade de mudança, em primeiro lugar, ou podem ter expectativas ou critérios de sucesso diferentes de você. É preciso que você aprenda a compreender a mudança através de seus pontos de vista e a basear suas táticas de mudança sobre como elas veem o mundo e não como você o vê. Caso contrário você está sempre falando com as pessoas de forma controversa. No fim das contas, você quer que as pessoas vejam o mundo através do seu sistema de referência, mas o paradoxo é que você apenas consegue isso ao começar a ver com os delas. Em uma mudança recente, nós vimos isso se aplicar. Foi só quando a *sponsor* conseguiu identificar quais eram os sistemas de referência que ela pôde começar a lidar com as reações negativas das pessoas à mudança. No final, ela conseguiu mudar o sistema de referência da maior parte das pessoas mediante uma mistura de envolvimento e persuasão. Resumindo, restaram-lhe algumas decisões difíceis. Suas ideias estavam profundamente arraigadas, o custo de fazê-los desistir era alto demais ou simplesmente lhes faltava a adaptabilidade de serem capazes de mudarem eles próprios.

Como as pessoas constroem o comprometimento

A curva de comprometimento descreve os estágios que as pessoas atravessam ao se tornarem comprometidas com uma mudança. Seu trabalho é ajudar os *sponsors* a moverem seu pessoal sequencialmente através de cada estágio. A qualquer momento na curva, até o último estágio, as pessoas podem ainda resistir à mudança. As pessoas podem subir um estágio e então atingirem um obstáculo e começarem a resistir à mudança. É importante então voltar e construir as ações necessárias para envolver mais uma vez essas pessoas e elas galgarem a curva novamente — veja Figura 9.2.

Parte do seu plano de mudança precisa incluir passos de ação que você pode usar em cada estágio do processo de mudança. Use agentes de mudança locais para fornecer inteligência sobre como as pessoas se sentem e sobre seus pontos de vista e perspectivas da mudança. Faça o que puder para levar essas opiniões em consideração e certifique-se de que as pessoas saibam disso.

A curva de comprometimento relata os estágios desde a Conscientização até o Comprometimento que as pessoas atravessam na mudança. Os estágios são:

- Ouvir
- Compreender
- Dar suporte
- Agir
- Usar
- Apropriar

Cada estágio da curva de comprometimento lhe oferece oportunidades para a construção do comprometimento.

Figura 9.2: A curva de comprometimento

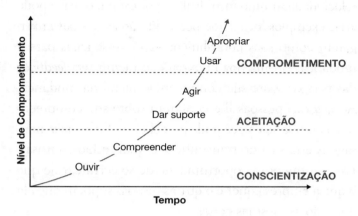

- **Ouvir:** esse passo é onde se conecta o propósito compartilhado de mudança ao trabalho diário das pessoas. Passe um tempo compartilhando com as pessoas informações sobre a mudança. Será ótimo se as pessoas estiverem otimistas, mas não é essencial. Tenha seu foco em ajudar as pessoas a pensarem sobre as implicações para si mesmas. É nesse momento em que você pode começar a ajudá-las a compreender por que o estado atual deve mudar. Pense com cuidado sobre o tempo. Algumas organizações podem deixar esse estágio para tarde demais, o que significa que no momento em que comunicam as pessoas, sua rede de contatos já as chocou contra isso — e em nossa experiência as redes de contato raramente colocam uma interpretação positiva sobre a mudança. É melhor contar às pessoas sobre a mudança cedo demais do que tarde demais.
- **Compreender:** as pessoas afetadas pela mudança irão subir pela curva de comprometimento até a compreensão

quando tiverem a oportunidade de discutir as questões relacionadas à mudança. Então, por exemplo, você pode criar exemplos locais que possibilitarão às pessoas enxergarem como suas contribuições serão essenciais para a mudança. É uma boa hora para conseguir um *feedback* das pessoas sobre sua compreensão literal da mudança. Ao fazer as pessoas lhe contarem sobre sua compreensão da mudança, você pode perceber melhor quais mensagens estão sendo transmitidas e quais estão confusas. Essa é uma ótima oportunidade de se certificar de que o que a empresa quer e o que as pessoas supõem que ela quer são as mesmas coisas.

- **Dar suporte:** as pessoas darão suporte à mudança quando começarem a enxergar como a mudança as beneficiará de alguma forma e acreditarem que é possível terem sucesso na nova forma de trabalho. Então, por exemplo, você pode ajudá-las a explorar os detalhes da iniciativa de mudança e dar a elas a oportunidade de fazer perguntas, ou você pode pedir para que elas, em equipes, trabalhem sobre aspectos específicos da mudança. Lembre-se de recompensar aqueles que se envolverem logo no início, já que podem ser exemplos positivos para os demais.
- **Agir:** testar é um estágio incrivelmente importante. Assim como clientes geralmente não estão dispostos a comprar produtos que não podem testar, as pessoas não estão dispostas a se comprometerem com uma mudança sem antes testá-la. Então, por exemplo, você pode criar sistemas temporários que permitem às pessoas praticar antes de a mudança ser totalmente

implementada ou você pode permitir que as pessoas visitem outras partes da organização que adotaram a mudança com sucesso.

- **Usar:** esse é o primeiro nível do comprometimento e significa exatamente isso. Pede-se que as pessoas comecem a usar a mudança em seu trabalho diário. É nesse momento que a mudança precisa de reforço e rastreamento. Então, por exemplo, você pode rastrear quantas pessoas estão usando a mudança ou você pode reconhecer *"primeiros trunfos"* onde as pessoas usaram a nova forma de trabalho com sucesso. Você precisa tomar uma decisão consciente sobre que nível de comprometimento é preciso para partes específicas do negócio. Isso irá determinar suas estratégias de construção de comprometimento.
- **Apropriar:** o nível final de comprometimento da mudança. Esse é um momento em que o reforço é necessário. Então, por exemplo, você pode se certificar de que os *sponsors* continuam a dar exemplo de comportamentos ou você pode lidar com algumas questões prolongadas que podem impedir desempenhos pessoais. Existem também oportunidades de envolver as pessoas em uma melhora contínua da mudança.

Ações-chave para criar forte relação pessoal

As questões que você precisa responder para ajudar as pessoas a criarem uma forte relação pessoal com a mudança incluem:

1. Você realmente compreende o impacto sobre as pessoas que terão de mudar? Você compreende a mudança a partir de suas perspectivas?

2. Está claro para você o que as pessoas precisarão fazer para terem sucesso? Você as ajudou a aprender e praticar a nova forma de trabalho para que possam visualizar o sucesso?
3. Você preparou *sponsors* locais para que eles possam ajudar seu pessoal a construir o comprometimento em suas equipes?
4. Você construiu seus planos de engajamento (envolvimento, aprendizado, recompensa e comunicação) a partir da perspectiva daqueles que precisarão mudar ou a partir da perspectiva organizacional? É a perspectiva local que leva ao sucesso.
5. Você tem uma forma de avaliar o progresso em relação ao comprometimento? Nós temos uma ferramenta chamada Avaliação de Risco das Iniciativas de Mudança, que lhe diz o nível do comprometimento das pessoas e por que elas estão onde estão. Você pode obter mais informações sobre isso e outras ferramentas de PCI no www.changefirst.com/change. Também existem outras formas de conquistar isso, como discussões de grupo e entrevistas.

Como um agente de mudança, se você estimular fortes relações pessoais, então as pessoas afetadas pela mudança irão se comprometer com ela mais cedo e sem tanta resistência. Quando as pessoas afetadas pela mudança são capazes de perceber como ela irá beneficiá-las pessoalmente de alguma forma, ou na pior das hipóteses, não irá dificultar sua vida, elas têm muito mais chances de se envolverem. Uma vez envolvidas, você irá reduzir o impacto da mudança, diminuir o período de transição e retomar as pessoas para a produtividade total tão logo for possível.

Quando as pessoas podem enxergar as ramificações pessoais da mudança e de não mudarem, elas têm mais disposição para mudar, porque recuperarão aquele imprescindível senso de controle sobre seu ambiente. Dessa forma, você irá conquistar uma mudança comportamental de longo prazo mais cedo porque as pessoas se sentem informadas e valorizadas, e sentem que seu papel e elas próprias foram considerados na mudança. Mesmo quando isso não é exatamente verdade, sempre existem formas de personalizar a mudança, e essa personalização permite aos envolvidos ganhar confiança, levantar os problemas e levá-los em consideração. Você pode até receber algumas ideias muito úteis que podem melhorar a mudança e deixá-la mais fácil e mais rápida para ser implementada. Tudo o que resta agora é suportar o desempenho pessoal e incorporar a mudança na vida de trabalho normal.

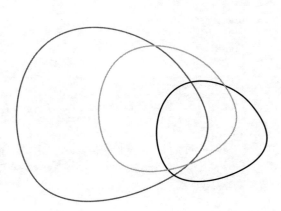

10

Desempenho pessoal sustentado — ajudando as pessoas a se adaptarem à mudança

Eu me lembro da primeira vez que encarei uma resistência séria. Eu era um gerente jovem e ingênuo. Meu chefe havia me pedido para desenvolver e lançar uma ferramenta de desempenho para o grupo de TI. Essa ingenuidade apareceu quando tentei juntar uma equipe para codesenvolver a ferramenta e eles me disseram: *"Estamos ocupados demais"*. Em vez de falhar com o projeto, fui em frente sem ajuda e desenvolvi, se posso assim dizer, uma excelente ferramenta. À época, a ferramenta era um verdadeiro *"estado da arte"*. Na verdade, eu pensava que tinha feito muito bem em desenvolvê-la. Parecia linda e prática. Lembre-se de que o orgulho sempre precede uma queda.

Quando eu a apresentei à equipe sênior de TI, suas reações foram lógicas, emocionais, cândidas e, acima de tudo, negativas. E, em grande parte, sobre mim: minha falta de consulta, minha falta de compreensão sobre seus trabalhos, minha pressa em concluí-la sem falar com ninguém. Eu tinha experimentado uma *"resistência"* real pela primeira vez.

Em um nível social, vemos as mesmas reações na Europa em 2010 após a proposta de cortes na previdência social, congelamento de pagamento, aumento de impostos, exigências de

Figura 10.1: A "roda" Changefirst: FCS 6 — Desempenho pessoal sustentado

aposentaria tardia ganhando-se menos etc. Quando esse tipo de ação acontece, você pode ver de fato o quão universais são as características comuns das mudanças pelas organizações, comunidades e países. Você pode ver como as pessoas reagem quando normas e convenções bem estabelecidas são desafiadas e mudadas. A perda de controle das pessoas é óbvia. Você vê a negação (*"nosso país pode custear as dívidas sem cortar os gastos públicos"*) rapidamente virar choque (*"como eles puderam fazer isso!"*) e se converter em raiva (*"políticos são pessoas horríveis"*). Finalmente, algumas pessoas sempre vão para o estágio de barganha (*"vamos continuar trabalhando duro se você nos der um aumento de salário, neste ano"*).

No outro lado da curva da mudança existem pessoas nas empresas que se adaptaram à nova situação: recessão contínua.

Elas estavam, afinal, trabalhado nisso desde 2008. As pessoas começavam a falar sobre "*a nova realidade*", "*vivendo em um novo paradigma*", "*o que aprendemos*" e a dizer coisas como "*isso não é temporário, então precisamos nos adaptar continuamente*". Muitas dessas pessoas chegaram à aceitação da mudança, mas pode ter lhes demorado dois anos para isso. O interessante é que minha observação seria de que muitas chegaram primeiro à aceitação lógica, mas então levou uns seis meses para suas emoções chegarem lá.

Este capítulo é todo sobre como gerir as reações das pessoas à mudança e as coisas que você precisa fazer para ajudá-las a se adaptarem. Desempenho pessoal sustentado ocorre quando preocupações e reações pessoais estão sendo efetivamente expostas.

A hipótese básica é que durante grandes mudanças o desempenho das pessoas cai. Sua produtividade e qualidade de trabalho têm chance de cair porque elas estão passando pelos diversos estágios da mudança. Elas estão se adaptando, ou tentando se adaptar, à mudança que percebem que está acontecendo. É importante, portanto, que gestores, líderes de equipe e agentes de mudança locais tenham as habilidades para ajudar as pessoas afetadas pela mudança e conduzi-las. É certamente importante que você seja capaz de treinar e capacitar *sponsors* locais para ajudar as pessoas.

Reações pessoais à mudança são incrivelmente importantes. A gestão de mudança é geralmente descrita como um "*esporte de contato*", o que é muito verdade. *Sponsors* precisam atuar de perto com as pessoas e usar discussão, treinamento e envolvimento como formas de ajudá-las a se adaptarem. J.P. Garnier, conforme mencionado no capítulo 2, disse: "*Fazer as pessoas mudarem — uma a uma — é a única forma de mudar as organizações. Afinal, toda mudança é pessoal"*. A mudança acontece em uma pessoa de cada vez e falha exatamente da mesma forma. Preocupações pessoais precisam ser expostas. As pessoas podem pensar que a mudança é uma boa ideia, mas se estão enfrentando questões como potencial insegurança financeira ou piora das relações de trabalho, elas podem decidir que o custo da mudança excede os benefícios que ganham com ela. A menos que você lide com as preocupações pessoais, você nunca implementará a mudança totalmente.

Uma gestão fraca das reações das pessoas à mudança também pode ter impactos negativos a longo prazo na organização. As organizações podem acreditar que *"as pessoas irão superar"*. Em outras palavras, você pode fazer as pessoas obedecerem e pensar que elas finalmente esquecerão isso e irão em frente. Isso não acontecerá. Lembro-me de quando trabalhava na Califórnia para a American Express e demiti duas pessoas de TI. Elas não ficaram felizes com isso, mas também não ficaram chateadas; era o começo dos anos 1990 na Califórnia, os trabalhos de TI eram muitos e elas receberam bons benefícios com a demissão. Uma delas veio até meu escritório no fim do dia e me perguntou se ela poderia ir embora sem cumprir o aviso prévio, para que pudesse buscar outro emprego. Eu concordei e perguntei se ela precisava de ajuda para retirar suas coisas. Ela ficou grata. Eu chamei um segurança, já que era começo de noite, e ele ajudou a levar seus pertences ao carro. Na manhã seguinte, eu cheguei e havia pessoas muito hostis olhando para mim. Perguntei à minha assistente o que havia acontecido e ela me disse que era porque eu *"tinha feito alguém sair escoltada"* na noite anterior. Eu os reuni para explicar o que havia acontecido, mas era pior do que eu imaginava. Há dez anos, a organização pertencia a outra empresa. Um dia, eles reuniram todo mundo e anunciaram demissões de cerca de 25% da mão de obra. A forma como fizeram foi mandar todos de volta para suas mesas. Se houvesse uma caixa com um envelope sobre ela, significava que eles precisavam juntar suas coisas e seguranças estariam por lá para escoltá-los para fora do prédio. Uma década depois, ainda havia alguns sobreviventes desse incidente, que pensaram estar tudo acontecendo de novo. Eles claramente não haviam "*superado*".

Os componentes-chave do desempenho pessoal sustentado são:

- **Segurança futura** — as pessoas precisam acreditar que a segurança de seu emprego será a mesma ou será aumentada, como resultado da mudança.

- **Impacto financeiro** — as pessoas precisam acreditar que seus ganhos ou salários serão os mesmos ou serão aumentados, como resultado da mudança.

- **Relações de trabalho** — as pessoas precisam acreditar que seu relacionamento com os colegas será o mesmo ou será melhorado, como resultado da mudança.

- **Nível de responsabilidade** — as pessoas precisam acreditar que seu nível de responsabilidade por seu trabalho será o mesmo ou será melhorado, como resultado da mudança.

- **Curva de aprendizado** — as pessoas precisam acreditar que seu desempenho pessoal apenas será julgado após terem tido tempo suficiente para praticar seu desempenho da nova forma.

Princípios para ajudar as pessoas a se adaptarem à mudança

Lembre-se, em capítulos anteriores discutimos que ajudar as pessoas a se adaptarem é um trabalho a ser feito pelos *sponsors* locais. Você precisa perguntar às pessoas, envolvê-las e começar a comunicação a partir de onde as pessoas estão, não de onde você gostaria que elas estivessem. Essas coisas ainda se aplicam, mas quando se busca sustentar o desempenho pessoal, existem três princípios adicionais para considerar.

1. O primeiro princípio é tratar a resistência como um subproduto natural da mudança organizacional. As pessoas podem ser lógicas, emocionais, inseguras, controladoras, agradáveis e adversárias, tudo em questão de cinco minutos. Colaboradores são membros da raça humana; em outras palavras, irão agir como as pessoas tendem a agir. Muitos *sponsors* ainda acreditam que se construírem um caso de mudança atrativo o suficiente, então de alguma forma todas as coisas desagradáveis da natureza humana serão evitadas ou neutralizadas. Infelizmente, isso raramente funciona assim. Mesmo se as pessoas forem positivas quando ouvem o caso de mudança, é totalmente possível que elas ainda assim resistirão. Então espere por isso e lide com isso, quando você se deparar com ele.
2. O princípio número dois é de que as reações humanas à mudança são normais, então ajude as pessoas a compreenderem suas próprias reações à mudança. Uma das ferramentas mais poderosas que você pode compartilhar com as pessoas é a curva de Kübler-Ross mencionada

no capítulo 2. Muitas pessoas já terão visto o modelo Kübler-Ross, que detalha a progressão das pessoas quando passam pelo luto. Kübler-Ross identificou cinco estágios de transição dos pacientes que encaram a morte. Esse modelo foi posteriormente adotado por psicólogos organizacionais como uma forma de descrever como as pessoas reagiam à mudança. É justo dizer que o modelo tem suas críticas, mas ainda é confiável para ser usado e, francamente, nunca vi um melhor. Para aqueles que passam pelas aflições da mudança, saber que suas reações são *"normais"* e que todos no planeta passam pelos mesmos estágios ao lidarem com mudanças pode ser reconfortante. Saber que existe um caminho batido para percorrer ajuda as pessoas a identificarem onde elas atualmente estão e o que elas podem fazer para se ajudarem. Ademais, isso garante a elas que existe um fim à vista que faz com que seja menos provável que saiam da mudança e voltem para o estado atual.

3. O princípio três é que você deve esperar que as pessoas retrocedam, assim como avançam para a frente. A mudança e os estágios da mudança não são lineares. As pessoas não simplesmente percorrem rapidamente os estágios da aceitação. Em geral, elas podem chegar à aceitação e voltar para a raiva; elas podem ir em frente e então parecerem perder o caminho e regredir à negação. Isso é parte do ser humano e não é motivo para alarde. Ajudar as pessoas a compreenderem isso faz uma grande diferença positiva para a velocidade e o sucesso da mudança, sem mencionar os níveis de estresse normalmente associados.

Prochaska, Norcross e DiClemente, no livro *Changing for good: a revolutionary 6 stage program for overcoming bad habits and moving your life positively forward*,[33] se referem a esse processo como o *"modelo em espiral"* da mudança. Eles sugerem que recaídas são a regra, não a exceção, quando se trata de mudanças. Os afetados pela mudança podem sentir que falharam e que todos os seus esforços foram em vão. Todavia, esse não é o caso. A mudança envolve um processo para a frente e para trás que eventualmente leva ao sucesso. Saber que isso é comum e pode ser curado simplesmente ao ir-se em frente pode realmente mudar os afetados a lidarem com a mudança.

Estágios da mudança

Nós identificamos oito possíveis estágios da mudança.

- **Interesse inicial:** algumas vezes, a mudança começa muito bem. No estágio do interesse inicial, as pessoas são em geral excessivamente entusiastas. Elas não sabem muito bem em que a mudança irá acarretar e esse *"otimismo desinformado"* pode levar a uma tendência de ignorar ou rejeitar possíveis adversidades da mudança. Você precisa elogiar o apoio precoce. Ao mesmo tempo, mantenha a comunicação focada na necessidade de mais compreensão para que juntos vocês possam estabelecer expectativas reais.

Esse estágio não estava no modelo de Kübler-Ross, mas nós o incluímos em nosso modelo organizacional porque é o que

---

[33] Mudando para melhor: um revolucionário programa de seis estágios para superar maus hábitos e seguir em frente positivamente com sua vida. (N.T.)

observamos — veja a Figura 10.2 na página 175. Geralmente, ele ocorre antes de as pessoas saberem mesmo o verdadeiro impacto que a mudança terá pessoalmente sobre elas. É óbvio que esse choque inicial não ocorre em situações em que o impacto for claro, como quando ocorrem adversidades pessoais — por exemplo, ser demitido.

- **Choque:** esse estágio é bem descrito por Kübler-Ross. Quando alguém recebe más notícias, por exemplo, não é incomum que ele fique quieto ou até aparente como se a notícia não tivesse sido entendida ou não o afetasse. As pessoas afetadas pela mudança geralmente sentem que não têm relação nenhuma com ela e não entendem onde elas se encaixam, então com frequência se sentem incapazes de discuti-la com outra pessoa.

Nesse estágio, você precisa focar na construção e manutenção de relações positivas, especialmente em ambientes menos formais. Todo mundo é diferente, então é melhor permitir espaço e tempo para as pessoas refletirem sobre seu próprio ritmo. Certifique-se de que elas saibam que existe alguém com quem conversar, caso precisem.

- **Negação:** o desempenho pode continuar caindo, conforme os afetados pela mudança passam para a negação. Aqui, os afetados pela mudança simplesmente irão ignorar a informação, reuniões e prazos. Nenhuma informação é buscada e eles continuarão a planejar usando as formas antigas.

Nunca é inteligente fazer desafios superzelosos ou confrontar as pessoas no estágio de negação. Em vez disso, apenas estimule-as a darem pequenos passos em direção à mudança, como ler algum material ou comparecer a uma reunião. Estabeleça tarefas simples e curtas relacionadas à mudança e acompanhe. O acompanhamento deve ser cara a cara e individual, mas informal. Estimule as pessoas a compartilharem suas experiências.

- **Raiva:** nem é preciso dizer, o desempenho não é o ideal no estágio da raiva, mas é apenas parte do processo. As pessoas nesse estágio tipicamente estarão frustradas; elas terão reações impulsivas à informação, o que pode ocasionalmente ser acompanhado por explosões emocionais.

Isso tudo é comportamento normal, conforme as pessoas se sentem ansiosas sobre a mudança e estão incertas de sua habilidade para se adaptarem. Geralmente, isso é baseado no medo e pode levar a comentários desagradáveis, silêncios gélidos e uma complacência ressentida. Na prática, as pessoas fazem o mínimo e nada mais. Sua melhor tática de suporte para ajudá-las nesse estágio é a aceitação: aceite sinais de raiva como legítimos e não os banalize. Ouça as pessoas, sem necessariamente oferecer soluções. Não seja forçado a tomar decisões repentinas ou a tentar encontrar uma solução que talvez nem ainda exista.

Deixe as pessoas saberem que você compreende sua frustração, e não leve para o lado pessoal quando alguém ficar bravo com você. Lembre-se, quando as pessoas estão expressando

Figura 10.2: Estágios da mudança

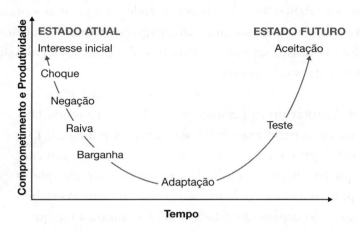

seus sentimentos de perda, sempre os aceite, não racionalize ou os banalize.

- **Barganha:** no estágio da barganha, que ainda não é muito produtivo, as pessoas tentarão negociar a adesão em troca de outros benefícios. Você pode ouvir afirmações como: *"O.k., eu faço isso — mas só se você fizer o X fazer Y"*. Você também ouvirá desculpas de por que as coisas ainda não foram feitas. As pessoas no estágio da barganha geralmente usarão a carga de trabalho e a priorização para evitar a mudança, e pedirão extensões ou recursos adicionais, como consequência. Você precisa admitir que a pessoa está indo na direção da mudança e reconhecer seu esforço.

Estimule-as a perceberem que todos estão no mesmo barco e que um desempenho perfeito não é esperado. Tenha muito cuidado ao permitir concessões, e tenha certeza de que você entende totalmente as implicações. Lide com todas as tentativas de barganha uma a uma, não em grupo. Lembre-se de que todos os estágios até este são tentativas das pessoas afetadas de retornarem ao *status quo*.

- **Adaptação:** as pessoas que estão se adaptando chegaram à parte mais baixa da curva da mudança. Elas estão presas com a mudança e começando a reconquistar algum controle. É a perda de controle que as pessoas afetadas pela mudança mais temem. A estabilidade do conhecido estado atual é confortável, e quando a estabilidade é desafiada, as pessoas afetadas pela mudança podem se sentir ansiosas e seu desempenho inevitavelmente cai. Você deve reconhecer que esse é um momento fundamental da mudança, e todos que atingem esse estágio deveriam ser recompensados e estimulados. Recompensas intrínsecas, como elogios e reconhecimento pelo esforço, são ideais para mover essas pessoas para o lado positivo da curva da mudança e produtividade. Você precisa dar às pessoas tempo para se adaptarem. Tente persuadir os *sponsors* para não agirem precipitadamente.

- **Teste:** quando as pessoas afetadas pela mudança entram no estágio de teste elas irão estabelecer limites de tempo para as tentativas. Elas estarão dispostas a avaliar o impacto da mudança e vão tomar providências para depurar os desafios iniciais, melhorando a mudança, portanto. Esses comportamentos demonstram aceitação e indicam que a pessoa em questão percebe seu futuro em longo prazo associado à mudança. Você precisa continuar a estimular aqueles com disposição de agir, especialmente os pioneiros.

Retome o aprendizado das pessoas e busque opinião e *feedback* para melhorias. Estenda o nível de envolvimento e apropriação de tomada de decisões para aqueles que estejam testando a mudança e agregando valor.

- **Aceitação:** quando as pessoas estão verdadeiramente no estágio de aceitação elas terão consertado as falhas iniciais. Elas serão tão produtivas quanto eram antes da mudança e estarão confortavelmente usando a mudança. Elas estarão interessadas em melhorias contínuas da mudança, especialmente se, de alguma forma, a mudança as beneficiou pessoalmente. Como agente de mudança, esse é o seu objetivo — conseguir a maior quantidade de pessoas nesse estágio e além. Quando as pessoas afetadas pela mudança aceitam e abraçam a mudança, as reconheça publicamente e particularmente pelos seus esforços. Envolva as pessoas na identificação de lições-chave aprendidas para melhorarem a capacidade para mudanças futuras. Use recompensas apropriadas e inicie esforços de melhorias contínuas para manter o impulso.

O desempenho pessoal sustentado é o outro lado da moeda da forte relação pessoal. Este último é sobre como construir o comprometimento nos outros, e o desempenho pessoal sustentado é sobre reconhecer que a mudança afeta as pessoas e as pessoas não são lineares ou lógicas. Elas podem se lançar para a frente em um minuto e resistir no próximo, e ser capaz de ajudá-las através desse processo é uma parte essencial da implementação e da sustentação de mudanças de sucesso.

O quão rápido as pessoas passam por essas fases e quanto tempo permanecerão em cada uma depende do indivíduo e de sua capacidade de gerir as reações e assisti-las através do processo de mudança.

Ações-chave para o desempenho pessoal sustentado

As questões que você precisa responder para ajudar os outros a sustentarem o desempenho pessoal incluem:

1. Você identificou grupos cruciais para a mudança e criou um plano para esse grupo? Alguns grupos podem ter mais força sobre o sucesso da mudança do que outros. Como você pode maximizar o esforço de mudança aqui?
2. As pessoas-chave têm um plano de transição que as ajuda a mudar? As pessoas podem precisar de ajuda detalhada quando passam por uma transição. As organizações geralmente têm um plano organizacional, mas não um plano de mudança pessoal para os indivíduos.
3. Você está em alerta para a resistência e sempre que necessário estimula-a a emergir? O desafio mais perigoso vem quando a resistência é velada. *"Quando alguém é negativo, se você ouvir com cuidado, você pode perceber o*

que está acontecendo. Se puder descobrir por que há resistência, você pode aprender muito sobre seu projeto e sobre suas chances de sucesso. Você pode até terminar com um projeto melhor." Esse foi Charles Fishman, em seu artigo de abril de 1997 da *Fast Company*, "*Change: few can do it. Few can sustain it. Few can survive it*".[34]

4. Você pode rastrear onde as pessoas estão com suas reações na curva de mudança? Se souber onde estão as pessoas, você pode ajudá-las a perceber que seus sentimentos são uma parte normal da mudança e a percorrer o processo em direção à aceitação. Sempre que puder, busque formas de movê-las para o próximo estágio.

Como um agente de mudanças, seu maior objetivo é a mudança implementada e o desempenho pessoal sustentado. Criar um propósito compartilhado de mudança deixa todos cientes para onde você está indo; a liderança efetiva de mudança fornece a bússola para pessoas-chave se comprometerem com seus objetivos. Os processos de engajamento fornecem os mapas para que você possa efetivamente evitar os desfiladeiros, encontrar os portos seguros e descobrir atalhos. *Sponsors* locais engajados e comprometidos agem como guias indígenas, que são capazes de encurtar a jornada ainda mais, usando o conhecimento local. Esses guias ajudam a garantir que todos na equipe saibam por que estão nessa jornada, antes de tudo, e a criar uma imagem que inspire e motive todos os envolvidos, para que eles possam superar as inevitáveis dificuldades do caminho.

---

[34] Mudança: poucos podem fazê-la. Poucos podem sustentá-la. Poucos podem sobreviver a ela. (N.T.)

Chegar com segurança é então só uma questão de tempo. Tendo agido sobre os altos e baixos do processo de mudança, seria extremamente frustrante, portanto, ver todo o trabalho ruir. O desempenho pessoal sustentado é, assim, sobre incorporar essa mudança para que a nova forma seja parte da vida diária, para que os envolvidos sintam que o esforço foi válido, e para que a organização possa colher as recompensas prometidas. O desempenho pessoal sustentado, portanto, gera uma real apropriação da mudança e evita que problemas pessoais inibam a sua aceitação.

Conclusão

Eu queria deixá-lo com três de meus aprendizados pessoais sobre ser um agente de mudança. Eu os chamei de preparação, prática e preservação, e tentei concluir fazendo-o pensar sobre o que precisa para ser eficaz. Por eficaz não apenas quero dizer implementar a mudança com sucesso — embora isso seja importante —, mas como você pode se divertir e aprender com toda a mudança na qual está envolvido. Se você puder dominar o processo apresentado neste livro, então suas chances de implementar a mudança com sucesso são aumentadas enormemente. Você nunca mais será perturbado por ela, e a confiança que sentirá diante dela deixará todo o processo muito mais agradável e será uma oportunidade de exibir suas habilidades de gerir mudanças.

Aprendizado um: Preparação

A maior parte das pessoas começa a perceber que não sabe o suficiente sobre gestão de mudança quando já percorreu um quarto do caminho em sua primeira implementação. Eu tentei descrever isso anteriormente e mostrei como isso aconteceu comigo. Se você quer evitar o meu erro (e terror!), então eu fortemente aconselho que você se torne um estudante de mudança agora, antes que seja chamado para implementá-la. Evite os modismos passageiros que permeiam muito do que se passa por gestão de mudança e debruce-se sobre o material e pensamentos que resistiram ao tempo, certamente pelos últimos trinta a quarenta anos e talvez pelo último milênio. Tenha um conjunto de ferramentas, processos e treinamentos que lhe darão um bom começo. Nós da Changefirst gostaríamos que fossem os nossos treinamentos e certificações, porque acreditamos que sejam os melhores, e inúmeros clientes satisfeitos concordam. Mas seja pelo que decidir, tenha as ferramentas e treinamentos corretos — antes que precise deles! Desenvolver habilidades de gestão de mudança nunca será um desperdício de esforço. A mudança é uma parte constante de quase todo papel em qualquer negócio. Aqueles que são proficientes e eficazes em implementar mudanças de sucesso serão os líderes e executivos de amanhã.

Aprendizado dois: Prática

Eu voltei à ideia de que a prática é essencial ao aprendizado recentemente. O Dr. K. Anders Ericsson, um psicólogo, é amplamente tido como sendo a pessoa que inventou a ideia de que leva 10 mil horas para se dominar algo. Esses pensamentos foram incorporados em livros como o de Malcolm Gladwell, *Fora de série*, e *Salto*, de Matthew Syed. Em certos trabalhos de gestão de talento, esse conceito é chamado de "*domain expertise*".[35] Tudo recai sobre a realidade de que você precisa praticar algo para ficar muito bom nele. Nós temos um ótimo grupo de consultores de mudança que desenvolvem *workshops* ao redor do mundo. A maioria deles é de ex-gerentes de mudança que aprenderam habilidades de facilitação

---

35 Especialização em uma área de conhecimento. (N.T.)

após milhares de horas como gerentes de mudança. Então se juntaram à Changefirst e hoje facilitam *workshops* em ao menos seis dias por mês. Isso acrescenta no mínimo quinhentas horas de tempo de facilitação por ano, e você fica muito bom em algo quando o faz com frequência. Então eles começaram com talvez 5 mil horas de prática, e a cada ano acrescentam outras quinhentas horas. Para ser um especialista, você precisa praticar regularmente e fazer isso com *feedback* focado. O objetivo é que se você quer ser muito bom em mudanças e ser profissionalmente indispensável, você precisa levar a mudança a sério e praticar sua habilidade. Comece a jornada, inscreva-se para projetos, experimente novas técnicas, falhe e levante-se de novo. Seja voluntário em cursos de treinamento e continue aprendendo. No minuto em que você diz que já sabe tudo o que precisa sobre mudança, é o dia em que você perde seu diferencial.

Aprendizado três: Preservação

Em um de nossos *workshops*, usamos a frase *"coloque sua máscara primeiro"* — já falamos sobre isso anteriormente. Isso é baseado no procedimento de segurança de um avião. As instruções lhes dizem que se você tentar ajudar alguém antes de você mesmo, você pode desmaiar, portanto matando a ambos. Creio que muito pode ser dito sobre isso na vida de um agente de mudança. Você pode estar sob enorme estresse, tentando cumprir projetos no prazo e se não tiver cuidado, você irá sofrer, no fim das contas. Eu já testemunhei um agente de mudança que literalmente teve um ataque de nervos na minha frente. Nunca deixe isso acontecer com você. Pense nesses pontos:

- Como você pode preservar ou aumentar seus próprios níveis de energia em relação à mudança? Isso é geralmente chamado de flexibilidade, definida como a habilidade de se esquivar das adversidades. Como você pode preservar esse valioso recurso pessoal?
- Como você "descansa" entre os projetos? Ir de um projeto a outro sem uma pausa pode ser um grande fator de estresse. Encontre formas de dar um tempo. Nós geralmente vemos nas organizações que algumas pessoas são sempre selecionadas para esses papéis de mudança. A organização fica dependente delas. O problema é que se você é uma dessas pessoas, você pode se ver mudando de um grande projeto para outro sem intervalo.
- Como você pode ter certeza de que é responsável apenas pelo que pode controlar? O perigo em grandes projetos de mudança é que você assume a responsabilidade por tudo e no fim é esmagado por tanto peso.

Meu conselho final seria para não se engajar em toda mudança que surgir. Ser bom na gestão de mudança não tem a ver com ser um viciado em mudança. Tem a ver com selecionar as mudanças em que você pode de fato fazer a diferença. Não se vicie no burburinho. Em vez disso, ouça as palavras de um soldado desconhecido supostamente encontrado em 1945:

"Nós treinamos muito, mas parecia que cada vez que começávamos a nos dividir em equipes, éramos reorganizados. Eu aprendi depois na vida que temos a tendência de receber qualquer nova situação com reorganização; e pode ser um método maravilhoso para criar a ilusão de progresso, enquanto produz confusão, ineficiência e desmoralização."

Conclusão

A Changefirst se dedica à compreensão de mudanças de sucesso há mais de 25 anos. Em nossas pesquisas, e ao trabalharmos com líderes em organizações passando por grandes mudanças, estamos na posição singular de destilar a dinâmica a partir da mudança de sucesso. Nosso papel é transferir aquela receita a outras pessoas para que elas possam desenvolver capacidades de mudança em suas próprias organizações e caminhar confiantemente para o futuro, seguras no conhecimento de que quando a mudança é necessária, elas têm as habilidades internas para executá-la.

A verdade é que a mudança é geralmente um negócio confuso. Conforme Charles Fishman tão eloquentemente declarou no artigo da *Fast Company*, mencionado no capítulo 10:

"Se você ler a literatura acadêmica, com muita frequência a mudança surge como uma atividade notadamente inanimada: estabelece uma visão, encontra um mentor, desenha o programa, estrutura a partir dos números. Nós interrompemos esse programa para entregar uma dose de realidade: não funciona assim. No mundo real da mudança, os líderes o abandonam, seus mais leais aliados fogem, a oposição vem de lugares que você menos esperava, e seu oponente mais feroz pode vir a ser seu apoiador mais vital. Em outras palavras, quando as emoções são altas e as recompensas são ainda maiores, as pessoas agem como pessoas".

Se a mudança fosse um processo simples, então toda empresa estaria implementando com sucesso a mudança por todos os lados, mas não é. Entra ano e sai ano, as empresas pelo mundo desperdiçam milhões (provavelmente bilhões) em mudanças fracassadas, esquecidas ou improvisadas. Os que conseguem implementar mudanças de sucesso válidas e com benefícios têm a chave. A razão para isso é porque são as pessoas que fazem uma mudança de sucesso e as pessoas não são frequentemente lógicas, nem racionais. Segue-se, portanto, que se você quer uma fórmula para uma implementação e execução de mudanças consistentes, você tem de focar as pessoas — e é exatamente disso que trata a implementação centrada em pessoas.

Índice

Abordagem "decidir e comunicar" 80-81
Ação:
  Aprendendo e mudança através da 53-54, 121-122
  Criação de exemplos pelos *sponsors* locais 146-147
  Liderança através da 93-96, 109-110
Aceitação, estágio da mudança 177
Adaptação, estágio da mudança 176
Aderência *versus* implementação comprometida 60
Advogados 103
Agentes de mudança 89-93, 105-106
Agentes de mudança internos 12
American Express 168-169
Amortecedores, agentes de mudança como 143, 150
Ansiedade de aprendizado 120
Ansiedade de sobrevivência 120
Aprendizado:
  Como processo de engajamento 119-123, 133
  Execução 123
  Importância da prática para 182
  Veja também treinamento para a mudança
Apropriação e envolvimento 112, 119
Apropriação, estágio, curva de comprometimento 161
Aquisições, e mudança instalada 21-22

Armstrong, Neil 69
Aspectos positivos da mudança 41-42
Autopreservação 183
Avis Rent-a-Car 156

Barganha, estágio da mudança 175
Beckhard, Richard 5
Berra, Yogi 7
Bewkes, Jeff 9
BMW 8
Bridges, William 5
"Brown bag lunches" 129-130

Capacidade de mudança 39-41
Carga contínua 40
Caso de gestão de mudança 17-20
  Custos da implementação da mudança 28-29
  Instalação *versus* implementação da mudança 20-28
Changefirst 6, 13, 182, 183
  Ferramenta da Avaliação de Risco das Iniciativas de Mudança 162
  Liderança de mudança 52
  Mudança comportamental 52
  Pesquisas 10, 11, 88
  "Roda" 65
  Técnica do Mapeamento da Rede de Mudança 92
  Website 13
Choque, estágio da mudança 173
Chrysler 8

187

GESTÃO DE MUDANÇA com sucesso

Cinismo, e mudança instalada ou fracassada 26
Clapton, Eric 72
Clareza 75-76, 128
Clegg, Chris 24
Coca 9
Colaboradores não engajados 25-26
Collins, Jim 45
Competitividade, e mudança instalada ou fracassada 26-28
Comportamento
   Animal 47-52
   E mudança cultural 46, 49, 52-53
   Estágio de construção de solução 78
   Mudança 54-55
Comportamento animal, lições do 47-52
Compreender, estágio, curva do comprometimento 159-160
Comprometimento à mudança:
   Construção 153-164
   Liderança efetiva de mudança 98
   Propósito compartilhado da mudança 80
   Veja também processos de engajamento; *sponsors* locais, compromisso dos
Comunicação:
   Como um processo de engajamento 128-133
   E liderança 95
   Eficaz 129-131
   Estratégia e planejamento 131-133
   Preferências 82
   Propósito compartilhado da mudança 75-76, 80-85
Comunicação escrita, limitações da 128-129
Condução e propósito compartilhado da mudança 83
Condutores da mudança 54
Conectores 103
Confiança:

Construção 108
E graus de separação 102-103
E mudança instalada ou fracassada 26
Em *sponsors* locais 143
Nos agentes de mudança 106-107
Conner, Daryl 5, 39
Construção de solução, estágio 77-80
Consultores externos 12, 155
Controladores 103
Controle 33-34, 39
   E desempenho pessoal sustentado 166
   E envolvimento 112, 119
   E forte relação pessoal 162-163
   Propósito compartilhado da mudança 71
Conversa 129-130
Credibilidade:
   Da gerência média contornada 143
   Dos agentes de mudança 106
   E mudança instalada ou fracassada 26-27
Criação de exemplos por *sponsors* locais 143, 146-149
Criando marcas para iniciativas de mudança 132
Crítica como criadora da resistência à mudança 74
Csikszentmihalyi, Mihaly 41-42
Cultura 43-46
   Componentes 49-51
   Comportamento, foco no 40
   Comportamento animal, lições do 47-52
   Definição 46-47
   Liderança efetiva de mudança 98
   Mudança comportamental, ações para 54
Cultura organizacional *veja* cultura
Curva de aprendizado, e desempenho pessoal sustentado 169

Índice

Curva de comprometimento 158-161
Custo da oportunidade da mudança instalada 26-27

Dar suporte, estágio, curva do comprometimento 159
Descentralização, e liderança efetiva de mudança 97-98
Descongelamento — mudança — recongelamento, processo 35-37
Desdobrando as mudanças 83-85
Desempenho pessoal sustentado 65, 165-169, 179
Ações-chave 178-179
Estágios da mudança 172-178
Princípios para ajudar as pessoas a se adaptarem à mudança 170-171
Diálogo 129
DiClemente, Carlo 172
Dinâmica pessoal da mudança 31-32
Discursos de elevador, e propósito compartilhado da mudança 82
Discussões de grupo 162
Domain expertise 182

Efeito "bambu" 26-27
E-mails, limitações da comunicação através dos 128-129
Empresas de consultoria externa 12, 155
Entrevistas 163
Envolvimento 112-119
Equipe, gestão de mudança 28
Ericsson, K. Anders 182
Ernst & Young 116
Especialistas 103-104
Estágio de ação, curva de comprometimento 159-161
Estágios da mudança 37-38, 172-178, 179-180
Estimuladores da mudança 71-75
Estratégia do isolamento, liderança efetiva de mudança 99-100

Estratégias, comunicação 132-133
Estrutura matriz das organizações 95-96
Excedendo as expectativas das pessoas com recompensas 125-126

Fadiga da mudança 40
Fatores críticos de sucesso (FCSs) para implementar a mudança 57-58, 62-65
Aprendizado 121
Mudança organizacional e local 58-62
Fatores de tempo:
Custos 28
Desempenho pessoal sustentado 169
Recompensas 126-127
Feedback:
Comunicação eficaz 131
Dos agentes de mudança 106-107
Estágio da compreensão, curva do comprometimento 159
Para *sponsors* locais 150
Para *sponsors* organizacionais 95, 107-109
Fenômeno do mundo pequeno 101-102
Ferramenta da Avaliação de Risco das Iniciativas da Mudança 163
Fiat 8
Fishman, Charles 179-185
Flexibilidade 42, 78, 109, 146, 183
Freud, Sigmund 99

Gallup 25
Garnier, J.P. 31, 167
Gartner Group 17, 18-19
General Motors (GM) 8, 47
Gerstner, Lou 43, 44, 45
Gestão de mudanças pessoais, habilidades 12
Gestores *veja sponsors* locais, compromisso dos

Gestores *veja sponsors* locais, foco futuro comprometido e mudança comportamental 54-55
Gladwell, Malcolm 101, 182
GlaxoSmithKline (GSK) 31
GM (General Motors) 8, 47
Goizueta, Roberto C. 9-10
Graus de separação 102-103
Grove, Andy 47
Grupo de Pesquisa de Ashridge 71
GSK (GlaxoSmithKline) 31

Harvard Business Group 17
HBR Advisory Group 78
Heifetz, Ronald 4
Hewlett Packard 47
Hierarquias organizacionais 95-96
História organizacional 103
Histórias, e propósito compartilhado da mudança 81-82
Humphreys, John 7

IBM 43, 44
IBM Global CE Study (2008) 8
Imobilização 73-74
Imperativo de mudança:
  E aprendizado 121
  Propósito compartilhado de mudança 54-6, 58
Implementação Centrada em Pessoas (PCI) 57, 111, 115, 149, 163
Implementando a mudança:
  Custos 28-29
  E dinâmica pessoal da mudança 42
  Instalando a mudança *versus* 20-28
Incentivos 99
  Veja também recompensas
Indicadores, limitações do propósito compartilhado da mudança 80-81
Influenciadores:
  Liderança efetiva de mudança 89-93, 101-105

Tipos 103-104
Iniciativas da Gestão da Qualidade Total (TQM), razões para o fracasso 119
Iniciativas de mudança fracassadas 17-18
  Custos 23-26, 28, 29
  Porcentagens 7, 10, 17, 18
  Razões das 8, 9, 119
Inteligência Empresarial 43-44, 119
Interesse inicial, estágio da mudança 172-173

Johnson, Lyndon 69
Joyner, Jane 7

Kennedy, John F. 69, 75
Kolb, Deborah M. 109
Kotter, John 5
Kübler-Ross, Elisabeth 37, 170, 171, 172

Langer, Ellen 34, 112
Lealdade com a empresa, e envolvimento 115-119
Leavitt, Harold 97
Lewin, Kurt 5, 35, 36
Liderança:
  Agentes de mudança 105-109
  Efetiva 63, 87-110
  Influenciadores 101-105
  Papéis 89-93
  Perda de credibilidade com mudança instalada ou fracassada 26
  Sponsors 93-101
Liderança efetiva de mudança 63, 87-89, 179
  Agentes de mudança 105-108
  Construção 109-110
  Influenciadores 101-104
  Papéis de liderança 89-93
  Sponsors 93-101
LinkedIn 103

Índice

Lockwood, Nancy 111
Luto, estágios do 37, 170

Manufatura enxuta 97
McKinsey & Company 17, 43
McMannus, John 24
Medição:
　Da eficácia da comunicação 132
　Da mudança comportamental 54
Medo da mudança 73-74
Melhoria contínua da mudança 161
Mercedes 8
Merton, Robert 117
Milgram, Stanley 101-102
Modelo de mudança em espiral 172
Mok, Paul 83
Motivação da mudança:
　Liderança efetiva de mudança 95-99
　Propósito compartilhado da mudança 82-85
　Visão 75
Mudança *bottom-up* 96
Mudança consistente 60-61
Mudança inconsistente 61
Mudança instalada 20-23
　Custos 23-28
　E dinâmica pessoal da mudança 42
Mudança organizacional e local, equilíbrio entre 58-62
Mudança social 101
Mudança societária 32
Mudança tecnológica 31-32
　E graus de separação 102
　E influenciadores 101

NASA 69, 75
Negação, estágio da mudança 173-174
Níveis de responsabilidade, e desempenho pessoal sustentado 169
Norcross, John 172

Ouvir, estágio, curva de comprometimento 158

Pânico 74
Pavlov, Ivan 48
Pepsi 9
Perda de valor entre a mudança instalada e implementada 21, 22
Permafrost, gestores como 141-142
Persuasão e liderança efetiva de mudança 98-99
Planejamento:
　Comunicação 131-133
　Organizacional 78-80
Política organizacional 103
Ponto de inflexão 46, 47
Prática 182-183
Preparação para a gestão da mudança 181-182
Preservação 183-184
Processos de engajamento 25-26, 63, 98, 111-112, 179
　Aprendizado 119-123
　Comunicação 128-133
　Construção 133-134
　Envolvimento 112-119
　Recompensas 123-128
Prochaska, James O. 172
Profecias autorrealizáveis 117
Programa de pouso na Lua 69-70, 75
Propósito compartilhado da mudança 63, 69-70, 179
　Criação 80-85
　Imperativo 71-75
　Solução 77-80
　Visão 75-77
Psicologia evolutiva 33
Públicos 99

Qualidade da mudança, e envolvimento 115
Questões de custo *veja* questões financeiras
Questões financeiras:

191

Desempenho pessoal sustentado 169
Economias da mudança de sucesso 12
Mudança fracassada 23-24, 28, 29
Mudança implementada 23, 28-29
Mudança instalada 23-24
Mudança organizacional e local desbalanceada 61
Perda de valor entre a mudança instalada e implementada 22-23
Recompensas 125-126

Raiva, estágio da mudança 174
Reações à mudança 37-38, 172-178, 179-180
Realismo:
Estágios do modelo da mudança 172
Propósito compartilhado da mudança 78
Recompensas:
Como processo de engajamento 123-128, 133-134
Liderança efetiva de mudança 100
Recompensas apropriadas 126
Recompensas personalizadas 127-128
Redes de contato:
Graus de separação 101-103
Influenciadores 102-103
Sponsors 95-101
Redes sociais 101
Reforçando a mudança 161
Regras conhecidas 49
Regras veladas 49-50
E mudanças culturais 50, 51, 52, 53-55
Relação pessoal 64, 153-155, 180
Como as pessoas constroem o comprometimento 157-161
Descongelamento — mudança — recongelamento 35-37
Fazendo 161-163

Princípios para construir um comprometimento 155-157
Preparação para a mudança 34-35
Questão de controle 33-34
Resistência 39-41
Resultados positivos da mudança 41-42
Transições turbulentas 37-39
Relações de trabalho, e desempenho pessoal sustentado 169
Renovação organizacional 48
Resistência à mudança 34-35, 38-41
Criadores da 74
Curva de comprometimento 157
Desempenho pessoal sustentado 165, 178-179
E agentes de mudança 105, 106
E comunicação 128
Implementação Centrada em Pessoas 57
Naturalidade da 39-41, 170
Superação da 80
Respeito pelos agentes de mudança 106, 107
Respostas condicionadas 48

Schein, Ed 5, 120
Segurança de emprego, e desempenho pessoal sustentado 169
Segurança de trabalho futura e desempenho pessoal sustentado 169
Seis graus de separação 101
Separação, graus de 101-102
Shuen, Amy 102
Simbolismo, e propósito compartilhado da mudança 82-83
Sistemas de referência pessoais 157
Sponsors veja sponsors locais, compromisso dos; *sponsors* organizacionais
Sponsors locais, compromisso dos 63, 139-143, 180

Criando 149-151
E desempenho pessoal sustentado 168, 170
E forte relação pessoal 155, 161
Impacto positivo do 143-149
Sponsors organizacionais:
Comunicação efetiva 129-131
Construção de rede de contatos 98-101
Estratégias de envolvimento 117, 129-130
Feedback para 95, 106-107
Liderança efetiva de mudança 89-101
Trabalho com *sponsors* locais 144-145
Superotimismo, perigos do 76, 172
Syed, Matthew 182

Técnica da investigação apreciativa 79
Técnicas de planejamento organizacional 78-80
Teste, estágio da mudança 176
Tichy, Noel 5
Time Warner 9
Townsend, Robert C. 156
Transições turbulentas 37-39
Treinamento para a mudança:
Custos 28
Eficácia 121-123
Sponsors locais 146

Veja também aprendizado
Twain, Mark 82

Unidades de negócios globais 97
Usar, estágio, curva do comprometimento 161

Vantagem competitiva, a mudança como fonte de 12
Vantagens da gestão de mudanças 17-20
Custos da implementação da mudança 28-29
Instalação *versus* implementação da mudança 20-28
Viagem espacial 69-70, 75
Visão, e propósito compartilhado de mudança 75-76
Vonnegut, Kurt 119

Waterboarding, como exercício impróprio de criação de equipes 123
Williams, Judith 109
Willie, Edgard 71
Wiseman, Richard 34
Wood-Harper, Trevor 24
Work-Out, técnica 79

Zohar, Danah 82

CONHEÇA AS NOSSAS MÍDIAS

www.twitter.com/integrare_bsnss
www.integrareeditora.com.br/blog
www.facebook.com/integrare

www.integrareeditora.com.br